¡Deja de Sobrepensar!

Cómo Incluso una Mente Muy Inquieta puede Destruir la Parálisis por Análisis, Evitar la Trampa del Pensamiento Crónico y Conseguir Paz Mental para DEJAR de Sentirse Frustrado y Distraerte de Tu Vida

Jane Kennedy

ÍNDICE

Introducción

Conoce a Saren Seeley, una brillante psicóloga clínica. Imagínala como alguien que podría suponer que lo tiene todo resuelto: una mente ingeniosa, una carrera de éxito, el paquete completo. Pero aquí está la curva: Saren se encontró enredada en la red que pasó su carrera desenredando.

Empezó de forma bastante inocente. Los proyectos de investigación se convirtieron en laberintos mentales, con cada pensamiento más complejo que el anterior. Pronto, no solo estaba estudiando y pensando demasiado; estaba cautiva. Noches de sueño perdido, relaciones tensas y una mente constantemente actividad: Saren estaba viviendo las consecuencias de su destreza intelectual (The Story Collider, 2023).

Ahora, pregúntate: ¿Te resulta familiar? ¿Has sentido alguna vez los zarcillos rastreros del sobreanálisis atrapándote en un laberinto de tu propia creación? Si es así, no estás solo. La historia de Saren es solo el principio de nuestro viaje juntos para liberarnos de las cadenas del sobrepensamiento y redescubrir la paz mental que te mereces.

Según estadísticas recientes, el 73% de las personas de 25 a 35 años sobrepiensan de forma crónica. Tampoco es solo un dilema de los jóvenes; el 52% de las personas de entre 45 y 55 años también están atrapadas en la misma rutina. Pensar demasiado se ha convertido casi en una epidemia social (Santilli, 2022).

Verás, la lucha contra el pensamiento excesivo no consiste solo en perderse en tus pensamientos; es una fuerza omnipresente que puede apoderarse de tu vida. La parálisis por las decisiones se convierte en la norma; elegir qué desayunar parece tan monumental como decidir una carrera profesional. Lo entiendo; el poder de esas decisiones puede resultar abrumador.

Y hablemos de los efectos sobre la salud mental. La ansiedad que se infiltra es como un huésped no invitado que se queda más de la cuenta. La depresión se instala como una niebla espesa que hace difícil ver una salida. Es algo más que pensar demasiado; es una batalla por tu bienestar mental.

Ahora, hablemos de las relaciones tensas. Sobrepensar no solo causa estragos en tu mundo interior, sino que se extiende a tus relaciones con los demás. Cada palabra y cada acción se analizan con detalle bajo el microscopio de tu mente, dando lugar a malentendidos y a un estrés innecesario.

Y en cuanto a tu bienestar general, el deterioro es palpable. La alegría se convierte en un visitante fugaz, y la satisfacción se siente como un recuerdo lejano. Pensar demasiado te roba la esencia misma de vivir el presente, redirigiendo constantemente tu atención hacia lo que podría ir mal o lo que ya ha pasado.

¿Cómo llegaste a este libro? ¿Fue el peso de las dificultades laborales presionando sobre tus hombros, con cada decisión relacionada con el trabajo sintiéndose como caminar por la cuerda floja sin una red de seguridad? O tal vez fueron los recuerdos de los problemas de pareja y el constante cuestionamiento de tus palabras y acciones lo que te dejó sumido en una maraña de dudas.

Verás, muchos de nosotros llegamos a una encrucijada, un punto en el que la carga de sobrepensar se vuelve demasiado pesada de soportar. Puede que lo desencadene un acontecimiento importante de la vida o una serie de retos más pequeños, aparentemente rutinarios, que se van acumulando. No siempre se trata de momentos grandiosos; a veces, es la acumulación de tensiones cotidianas lo que nos hace buscar una salida.

Y que quede claro: el título de este libro no es el verdadero atractivo. No se trata de frases pegadizas ni de prometer soluciones rápidas. No, se trata de una necesidad más profunda de cambio. Es sobre reconocer que algo dentro de ti está listo para liberarte de las cadenas del pensamiento excesivo, ya sea provocado por un trastorno vital reciente o por la confirmación de que este constante parloteo mental se ha convertido en una barrera para tu felicidad.

Puede que ahora mismo estés asintiendo con la cabeza, reconociendo que ha llegado el momento de cambiar. No se trata de escapar de tu realidad; sino de reestructurarla. El título es solo un vistazo del viaje transformador que te espera.

Así que probablemente te estés preguntando: *¿Qué gano yo con esto?* Permíteme exponerte los métodos simplificados, las inestimables herramientas y los conocimientos que te cambiarán la vida que obtendrás al sumergirte en este libro:

Perspectivas respaldadas por la ciencia: Nos deshacemos de los mitos y te ofrecemos conocimientos científicos sobre la psicología de sobrepensar. Se acabaron los juegos de adivinanzas; se trata de comprender el origen del problema.

Evaluación personalizada: ¿Alguna vez has deseado tener un GPS de salud mental? Nuestros cuestionarios de autoevaluación están hechos a medida para guiarte a través del laberinto de tus pensamientos, llevándole a un nuevo nivel de autoconciencia.

Estrategias probadas: Basados en la terapia cognitivo-conductual y el mindfulness, no nos limitamos a lanzarte teorías. Tendrás en tus manos métodos y ejercicios ejecutables para liberarte del implacable ciclo del pensamiento excesivo.

Casos prácticos: El cambio es posible, y lo verás a través de ejemplos de la vida real. Estos estudios de casos ilustran cómo otras personas han gestionado con éxito su pensamiento excesivo, ofreciéndote inspiración y una hoja de ruta para tu viaje.

Kit de herramientas completo: Al final de este libro, no solo tendrás conocimientos; dispondrás de un completo conjunto de herramientas y técnicas que se adaptan a diversas situaciones y te empoderan para afrontar los retos de frente.

Calidad de vida: Tus relaciones, la toma de decisiones y el bienestar general: todos están interconectados. Descubre cómo abordar tus hábitos de sobrepensamiento puede mejorar la calidad de tu vida.

Formación de hábitos: No hablamos solo de soluciones rápidas. Aprende estrategias de formación de hábitos como el "Apilamiento de Hábitos" para hacer de tu lucha contra el pensamiento excesivo una parte sostenible de tu rutina diaria.

Sensibilidad al trauma: Para aquellos en los que el sobrepensamiento está vinculado a un trauma pasado, ofrecemos enfoques sensibles. No se trata solo de controlar los síntomas, sino de abordar el complejo origen del problema.

Límites y filtros: Comprende cómo establecer límites emocionales e informativos, creando un escudo para proteger tu espacio mental de los desencadenantes que provocan el pensamiento excesivo.

Orientación experta: Si todo lo demás falla, te orientaremos sobre cómo buscar ayuda profesional. Conoce cuándo es el momento de consultar a un experto para que te asesore sobre cómo dar ese paso decisivo.

Aplicación inmediata: Sin esperas. Los ejercicios prácticos te permitirán empezar a aplicar de inmediato lo que has aprendido, no algún día en el futuro.

Comunidad y apoyo: Tu viaje no termina con la última página. Se comparten recursos para lecturas adicionales y plataformas en línea, conectándote con otras personas en el mismo viaje hacia una mente más tranquila.

Cierra los ojos un momento e imagina una vida sin el zumbido constante de pensar demasiado. Imagina la tranquilidad, la claridad y los colores vibrantes de una mente sin cargas. Al pasar la última página de este libro, he aquí una vívida foto de cómo podría ser tu futuro:

Bienestar emocional: El incesante parloteo de tu mente se ha calmado, sustituido por una relajante melodía de tranquilidad. Tus emociones, antes enredadas en la telaraña del sobrepensamiento, ahora fluyen libremente. Se ha instalado una sensación de calma, una calidez que irradia desde tu interior, alcanzando cada rincón de tu ser. La ansiedad y el estrés se han convertido en recuerdos lejanos, eclipsados por una serenidad recién descubierta.

Relaciones mejoradas: Las relaciones ya no son un laberinto de dudas e incertidumbres. Tus interacciones son auténticas, sin el peso del sobreanálisis. La comunicación fluye sin esfuerzo, y los malentendidos que antes enturbiaban tus conexiones son sustituidos por momentos de auténtica conexión. Tus seres queridos ven tu verdadero yo, no oscurecido por la niebla del exceso de pensamiento, y sus vínculos se fortalecen.

Mejora de la toma de decisiones: La toma de decisiones ya no es un campo de batalla de pensamientos contradictorios. Te encuentras con confianza ante una encrucijada, equipado con las herramientas para tomar decisiones sin el temor que antes las acompañaba. La parálisis que se apoderaba de ti ha dado paso a un espíritu decisivo. No solo estás tomando decisiones; estás forjando tu destino con claridad y propósito.

Mientras navegas por los días venideros, encuentras alegría en la sencillez de cada momento. La vida se convierte en una aventura, no en un rompecabezas desalentador. El futuro, antes envuelto en la incertidumbre, es ahora un lienzo a la espera de tus atrevidos trazos. No solo has conquistado el sobre pensamiento; has aceptado una vida de plenitud, libre de las cadenas que antes te mantenían cautivo.

Lo que distingue a este libro no es solo la promesa de cambio, sino también la seguridad de que no estás recorriendo este camino solo. Los estudios de casos, el kit de herramientas completo y la comunidad de apoyo están aquí para recordarte que otros han hecho este viaje y han salido al otro lado más fuertes y resilientes.

Así que da ese primer paso. Sumérgete en estos capítulos, adopta las ideas y deja que los ejercicios sean tus compañeros en esta expedición hacia una vida mejor. Ya has dado el paso más crucial: reconocer la necesidad del cambio. Ahora, viajemos juntos hacia una vida libre de los grilletes del sobrepensamiento.

Capítulo 1
Qué Es Realmente el Sobrepensamiento

Conoce a Jane, un espíritu que se hunde en el tumultuoso mar del sobrepensamiento. En el laberinto de su mente, sobrepensar no es solo una nube pasajera; es una tormenta que se ha instalado en ella. No es simplemente un ladrón de felicidad; es un titiritero que mueve los hilos de su propia alma.

Jane, como muchos de nosotros, comprende el poder de la mente. Es un centro neurálgico, una fábrica que produce pensamientos a un ritmo incesante. Siempre ha querido poner por escrito sus pensamientos, pero el caos interior, el torrente de pensamientos excesivos, hacían que pareciera una tarea insuperable. Los pensamientos sembrados en su mente crecieron hasta convertirse en una espesura maraña, y se encontró abandonándolas al ansioso vacío, sin respuesta ni solución.

En momentos de introspección, Jane se dio cuenta del estrago que el exceso de pensamientos suponía para sus aspiraciones. Las noches perdidas por el insomnio y las agobiantes mañanas por la carga de pensamientos intrusivos la dejaron con una lista: una lista de sueños sin explorar y pasiones sin cumplir. Su mente, antes una fuente de creatividad se convirtió en un impedimento, una barrera para las mismas cosas que podrían darle alegría.

Un día, en medio del caos, Jane se enfrentó a sí misma con una pregunta fundamental: *¿Qué estoy haciendo con mi vida?* La chica que inspiraba a los demás y ansiaba el cambio se encontró atrapada en las arenas movedizas de sus propios pensamientos. La comprensión cayó como un rayo: ella poseía el poder de pensar profundamente y sentir intensamente; ¿por qué no se estaba convirtiendo en la persona que aspiraba a ser?

Fue un punto de inflexión, un momento de despertar. Jane comprendió que la vida era algo más que los incesantes desvaríos de su mente. Se trataba de vivir con autenticidad, perseguir sueños y canalizar la energía hacia lo que realmente importaba. Aceptó la idea de que la vida no podía llevarse en paz mientras se tejían dramas en ella. Los sueños necesitaban una oportunidad y la energía debía redirigirse hacia asuntos que tuvieran verdadera importancia.

Y así, Jane se embarcó en un viaje para dar una oportunidad a sus sueños, vivir la vida con sentido y encontrar satisfacción. Éste es un viaje en el que muchos de nosotros estamos embarcados: el de liberarnos de las garras del sobrepensamiento. Adentrémonos en el capítulo 1, donde desentrañaremos la red del pensamiento excesivo, comprendemos sus tipos y profundizamos en la psicología que nos mantiene cautivos (Kataria, 2016).

Comprender el Ciclo del Sobrepensamiento

Permíteme compartir una historia, un vistazo a la vida cotidiana de Tom, un tipo atrapado en las garras implacables del sobrepensamiento. Verás, Tom tenía la manía de convertir incluso las decisiones más sencillas en maratones mentales. Ya fuera elegir qué comer o decidir una actividad para el fin de semana, su mente entraba en estado frenético.

Un sábado soleado, Tom se encontraba de pie en el supermercado, mirando fijamente una pared de cajas de cereales. Suena sencillo, ¿verdad? No para Tom. Lo que empezó como una sencilla misión para comprar el desayuno se convirtió en una carrera de obstáculos mentales. Los pensamientos corrían por su mente como velocistas olímpicos. *¿Me decido por la opción saludable o por la de los divertidos personajes de dibujos animados? ¿Estos cereales no contienen gluten? ¿Y si elijo el equivocado y me arrepiento después?*

El pasillo de los cereales se convirtió en un campo de batalla de opciones, y Tom, armado con una cesta de compra, se vio atrapado en un estira y afloja mental. Lo que debería haber sido un mandado de cinco minutos se convirtió en una saga contemplativa. Mientras salía de la tienda, con la caja de cereales en la mano, Tom no podía quitarse de encima la persistente sensación de que podría haber tomado la decisión equivocada.

Este escenario no era un hecho aislado para Tom. Era un tema recurrente en su vida: un ciclo de cavilaciones que se filtraba en todo, desde las decisiones menores hasta las elecciones vitales más significativas. Su mente, como un motor inquieto, no podía tomar una decisión sin analizar minuciosamente cada posibilidad y resultado potencial.

La historia de Tom nos resulta familiar a muchos de nosotros porque todos hemos estado ahí, atrapados en el bucle de sobrepensar. No se trata solo de decisiones; sino de la gimnasia mental por la que pasamos, cuestionándonos a nosotros mismos a cada paso. El ciclo comienza de forma bastante inocente: con una decisión, una elección que hay que hacer. Pero entonces, la mente se pone en marcha, analiza, predice y, a menudo, se sumerge en un mar de dudas.

Un Análisis Simple

Evento desencadenante: Imagina un acontecimiento desencadenante como punto de partida, la chispa que enciende el motor del pensamiento excesivo. Puede ser algo que te suceda, una situación en la que te encuentres o incluso un simple pensamiento pasajero que capte tu atención.

Pensamientos iniciales: Una vez que se produce el acontecimiento desencadenante, tu cerebro empieza a agitarse. Estos son tus pensamientos iniciales, como las primeras piezas de un rompecabezas que van encajando. Empiezas a procesar lo sucedido, intentando darle sentido en tu mente.

Rumiación: Ahora, en lugar de llegar a una conclusión clara, entra en la fase de rumiación. Piensa en ello como ir en círculos. Tu mente no deja de dar vueltas sobre el suceso o la situación, reproduciéndolo como un disco rayado. Es el bucle mental en el que te quedas atascado sin encontrar una salida.

Impacto emocional: Todos estos círculos afectan a tus emociones. El estrés, la ansiedad o incluso un toque de tristeza pueden empezar a aparecer. El pensamiento constante se convierte en un peso sobre tus hombros, afectando a tu estado de ánimo y bienestar.

Consecuencias conductuales: Debido a este peso emocional, tu comportamiento posiblemente cambiará. Podría encontrarte evitando por completo tomar decisiones, temiendo los posibles resultados. Otra posibilidad es que elijas aislarte, buscando un descanso de las turbulencias mentales.

Retroalimentación negativa: Aquí está la parte complicada: esta evasión o aislamiento puede crear un bucle de retroalimentación. Tu retraimiento o indecisión se convierte en otro desencadenante, poniendo en marcha el ciclo una vez más. La retroalimentación negativa hace que la rueda del sobrepensamiento siga girando, creando un bucle que se repite.

Comprender el ciclo del pensamiento excesivo es el primer paso fundamental hacia la liberación. Es parecido a sostener un mapa en un bosque denso: te guía a través de las vicisitudes, proporcionándote claridad en el terreno aparentemente caótico de tus pensamientos.

Desentrañando cada etapa del ciclo —identificando los desencadenantes, reconociendo los pensamientos iniciales, comprendiendo la rumiación incesante, reconociendo el peaje emocional, presenciando las consecuencias conductuales y reconociendo los bucles de retroalimentación negativa— se adquiere una profunda conciencia. Esta concientización es la linterna que ilumina los rincones oscuros del sobrepensamiento, revelando los patrones que te mantienen cautivo.

Provisto con esta comprensión, ya no eres un participante pasivo en el drama del sobrepensamiento. Te convierte en observador y estratega, equipado para detener el ciclo antes de que tome impulso. Reconocer los desencadenantes te permite evitarlos, rompiendo la reacción en cadena que conduce a la rumiación y a la angustia emocional.

Definición de Sobrepensamiento

Sobrepensar es el proceso incesante y frecuentemente intrusivo de obsesionarse con pensamientos, acontecimientos o decisiones, yendo mucho más allá de lo necesario o productivo. Es un bucle mental caracterizado por una contemplación, un análisis y una rumiación excesivos que pueden provocar estrés, ansiedad e indecisión.

Ahora, vamos a desmentir algunos mitos e ideas equivocadas comunes en torno al pensamiento excesivo:

Mito: Sobrepensar es simplemente pensar profundamente.

Realidad: Pensar demasiado no es sinónimo de reflexionar. Va más allá de la cavilación; es un ciclo implacable y a menudo improductivo de pensamientos repetitivos que obstaculiza la claridad en lugar de potenciarla.

Mito: Sobrepensar es un signo de inteligencia.

Realidad: Aunque la inteligencia y la introspección son rasgos valiosos, pensar en exceso no refleja necesariamente una mayor inteligencia. De hecho, puede impedir la toma de decisiones y la resolución de problemas, contrarrestando los beneficios de la destreza intelectual.

Mito: Sobrepensar es siempre negativo.

Realidad: Aunque pensar en exceso frecuentemente conduce a resultados negativos, es esencial reconocer que no toda contemplación profunda es perjudicial. Se convierte en problemática cuando obstaculiza el bienestar, la toma de decisiones y el funcionamiento cotidiano.

Mito: Sobrepensar es un estado temporal.

Realidad: Pensar en exceso no es solo una fase pasajera; puede convertirse en un patrón habitual si no se aborda. El pensamiento excesivo crónico puede insertarse en nuestra mentalidad, afectando a diversos aspectos de la vida a largo plazo.

Descubrir los Tipos de Sobrepensamiento

En el ámbito del pensamiento excesivo, en nuestra vida cotidiana se manifiestan varios tipos, cada uno de los cuales presenta sus propios desafíos. Profundicemos en los distintos escenarios en los que suele arraigar el sobrepensamiento y exploremos cómo reconocer estos patrones es el primer paso para liberarse. Al comprender los tipos específicos, obtendrás una visión de tu propio panorama mental, allanando el camino a estrategias específicas para recuperar el control y fomentar un proceso de pensamiento más intencionado.

Preocuparse por el Futuro

Preocuparse por el futuro implica centrarse excesiva y a menudo irracionalmente en acontecimientos o resultados potenciales que se avecinan. Las personas que experimentan este tipo de sobrepensamiento muchas veces se detienen en las incertidumbres, imaginan diversos escenarios y se preocupan por lo que podría salir mal. Esta preocupación exacerbada por el futuro puede provocar ansiedad, parálisis en la toma de decisiones y una sensación persistente de malestar.

Escenario: Estás acostado en la cama, incapaz de dormir, mientras tu mente recorre velozmente todos los escenarios potenciales que podría depararte el futuro. Desde las opciones profesionales hasta las relaciones personales, cada decisión se siente como una encrucijada monumental, desencadenando una cascada de preguntas del tipo "qué pasaría si..." que perturban tu tranquilidad.

Rumiación Sobre el Pasado

La rumiación sobre el pasado gira en torno a pensamientos repetitivos y a la contemplación de acontecimientos pasados, a menudo enfocados en errores percibidos, arrepentimientos u oportunidades perdidas. Esta forma de sobrepensamiento implica detenerse en experiencias históricas y volver a hablar de ellas con frecuencia sin encontrar una resolución. Puede obstaculizar el crecimiento personal, afectar a la autoestima y contribuir a los sentimientos de tristeza o culpabilidad.

Escenario: Sentado a solas, descubres que tus pensamientos derivan hacia errores pasados u oportunidades perdidas. En lugar de aprender del pasado, tu mente se fija en lo que podría haber sido o en lo que salió mal. Esta repetición constante de los acontecimientos crea un bucle mental difícil de romper, que afecta a tu bienestar actual.

Pensamiento A Gran Escala

El pensamiento a gran escala implica una fijación en el gran alcance de las situaciones, decisiones o acontecimientos de la vida. Las personas que adoptan este tipo de sobrepensamiento suelen tener dificultades para dividir escenarios complejos en partes manejables. En su lugar, se sienten abrumados al considerar todos los resultados posibles simultáneamente. Esta perspectiva amplia puede obstaculizar la toma de decisiones y conducir a una sensación de estar mentalmente agobiado por la magnitud de la situación.

Escenario: Enfrentado a una decisión importante, como cambiar de profesión o mudarse, te encuentras agobiado por el gran alcance de la situación. Tu mente se sumerge en un complejo análisis de todos los resultados posibles, lo que te dificulta centrarte en los pasos prácticos necesarios para avanzar.

Indecisión

La indecisión se refiere a la dificultad para tomar decisiones, ya se trate de elecciones menores en la vida cotidiana o de otras importantes que la alteran. Las personas que se enfrentan a la indecisión en su proceso de reflexión a menudo se paralizan por el miedo a tomar la decisión equivocada. Esto puede conducir a procesos de toma de decisiones prolongados, a un aumento del estrés y a un sentimiento de frustración.

Escenario: Enfrentado incluso a las elecciones más sencillas, como elegir un restaurante o decidir los planes para el fin de semana, te encuentras atrapado en una red de indecisión. El miedo a tomar la decisión equivocada te paraliza y pasas una cantidad desorbitada de tiempo sopesando pros y contras, incapaz de comprometerse con una decisión. Esta indecisión puede extenderse a elecciones más importantes, obstaculizando el progreso y causando un estrés innecesario.

Sobreleer los Pensamientos

La sobre-lectura de los pensamientos implica un intenso escrutinio de las palabras, gestos o expresiones propias o ajenas, atribuyendo a menudo significados o motivos ocultos. Esta forma de sobrepensamiento puede conducir a una mayor sensibilidad, a analizar en exceso las interacciones casuales y a interpretar las situaciones de un modo que puede no ajustarse a la realidad. Contribuye a una agitación emocional innecesaria y puede tensar las relaciones interpersonales.

Escenario: Las conversaciones se convierten en un campo minado mientras analizas cada palabra, gesto o expresión, intentando descifrar significados ocultos. Un comentario casual de un amigo o una breve interacción en el trabajo se convierten en una fuente de contemplación implacable. Tu mente se convierte en un detective, buscando pistas que tal vez ni siquiera existan, lo que conduce a una mayor sensibilidad y a una agitación emocional innecesaria.

Pensamientos Sin Esperanza

Los pensamientos desesperanzados implican una sensación generalizada de desesperación y negatividad, sobre todo en respuesta a retos o altibajos. Las personas que se enfrentan a este tipo de sobrepensamiento frecuentemente imaginan resultados sombríos, incluso cuando hay pocas pruebas que respalden esas desalentadoras conclusiones. Estos pensamientos pueden evocar el optimismo, dificultando la visión de posibilidades positivas y obstaculizando la propia capacidad para evitar situaciones difíciles con resiliencia.

Escenario: En momentos de dificultad o contratiempo, tu mente se sumerge en un mar de desesperanza. Los resultados negativos, incluso los que carecen de pruebas concretas, dominan tus pensamientos. El futuro parece sombrío y una sensación de desesperación nubla tu perspectiva, lo que dificulta vislumbrar posibilidades positivas.

Pensamientos Sin Valor

Los pensamientos inservibles giran en torno a sentimientos de inadecuación, duda de sí mismo y una sensación de no merecerlo o de ser incapaz. Quienes experimentan este tipo de sobrepensamiento pueden menospreciar sus logros y cuestionarse constantemente su propio valor. Estos pensamientos pueden contribuir a disminuir la autoestima, afectando a la confianza y al bienestar general.

Escenario: La duda sobre uno mismo se convierte en un compañero constante mientras te entretienes con pensamientos de insuficiencia e inutilidad. Los logros se ven ensombrecidos por un diálogo interno que cuestiona tus capacidades y socava tus logros. Esta omnipresente sensación de indignidad tiñe tu autopercepción, afectando a la confianza y al bienestar general.

Charla Mental

La charla mental se refiere al flujo constante de pensamientos que inundan la mente, frecuentemente sin una dirección o propósito claros. Este diálogo interno puede abarcar una serie de temas, desde las tareas cotidianas hasta las preocupaciones por el pasado o el futuro. Cuando no se controla, el parloteo mental puede provocar agobio, dificultad para enfocarse en el momento presente y una sensación general de estar mentalmente desordenado.

Escenario: Tu mente parece una habitación abarrotada en la que los pensamientos hablan incesantemente unos sobre otros. Desde listas de tareas pendientes hasta preocupaciones sobre el pasado y el futuro, este parloteo mental crea una cacofonía difícil de silenciar. Esta corriente continua de pensamientos puede resultar abrumadora, lo que provoca dificultades para centrarse en el momento presente.

Descubrir la Ciencia del Sobrepensamiento

Comprender el sobrepensamiento requiere adentrarse en el intrincado funcionamiento de la mente, donde se interconectan mecanismos psicológicos y neurológicos. En el centro de todo ello, tenemos algunos actores clave.

Dopamina: Científicamente, es un neurotransmisor asociado a la motivación y la recompensa. En términos más sencillos, es la forma que tiene el cerebro de decir: "¡Esto se siente bien!". El desequilibrio en los niveles de dopamina puede influir en el estado de ánimo y la motivación, contribuyendo potencialmente a los patrones de pensamiento excesivo.

Adrenalina: Frecuentemente conocida como la hormona de "lucha o huida", se libera en respuesta al estrés o al peligro. Esta respuesta fisiológica activa la amígdala, el centro de procesamiento emocional del cerebro. Los niveles elevados de adrenalina pueden intensificar las reacciones emocionales, alimentando potencialmente el sobrepensamiento (Amaha, 2023).

Cortisol: Es otra hormona relacionada con el estrés que desempeña un papel en la respuesta de lucha o huida del organismo. Los niveles elevados de este, muchas veces asociados al estrés crónico, pueden afectar al funcionamiento del cerebro y contribuir a patrones de pensamiento hiperactivos.

Serotonina: Es un neurotransmisor vinculado a la regulación del estado de ánimo. Cuando los niveles de serotonina están equilibrados, favorece la sensación de bienestar. El desequilibrio, sin embargo, puede afectar al estado de ánimo y ayudar a los aspectos emocionales del sobrepensamiento.

Hipotálamo: El hipotálamo actúa como centro de control del cerebro para diversas funciones corporales, incluida la liberación de hormonas. Desempeña un papel en la respuesta al estrés al señalar la liberación de cortisol y adrenalina, influyendo en cómo reacciona el cerebro ante las amenazas percibidas.

Ahora, conectemos a estos actores clave con el panorama más amplio del sobrepensamiento. El córtex prefrontal, nuestro centro de toma de decisiones, interactúa con estos neurotransmisores y hormonas. El desequilibrio en la dopamina, el aumento de adrenalina y cortisol y las fluctuaciones en los niveles de serotonina pueden contribuir a una corteza prefrontal hiperactiva, fomentando el análisis excesivo y la parálisis en la toma de decisiones.

La central emocional de tu cerebro, la amígdala, es la responsable de procesar las emociones, especialmente el miedo y el estrés. Cuando se enfrenta a incertidumbres o amenazas percibidas, se activa, desencadenando respuestas emocionales que pueden incitar el sobrepensamiento.

Por otra parte, la Red de Modo por Defecto (DMN), responsable de la autorreflexión, puede volverse hiperactiva en momentos de descanso u ociosidad. Los sesgos cognitivos, influidos por estos procesos químicos, pueden intervenir en nuestros pensamientos, dando lugar a perspectivas distorsionadas y contribuyendo a la compleja danza del sobrepensamiento.

Al desenredar estos mecanismos psicológicos y neurológicos, obtendrás información sobre el funcionamiento interno de tu mente. Recuerda que la concientización es el primer paso hacia el cambio. Armado con esta comprensión, puedes embarcarte en un viaje para liberarte de los grilletes del sobrepensamiento y fomentar un proceso de pensamiento más consciente e intencionado.

Cuestionario de Autoevaluación: ¿Eres un Sobrepensador?

Emprender el viaje para conquistar el sobrepensamiento comienza con la autoconciencia, una poderosa herramienta que ilumina los contornos de nuestros patrones de pensamiento. Mientras te adentras en los terrenos de este cuestionario de autoevaluación, recuerda que la autoconciencia no consiste en juzgar, sino en comprender. Es un espejo que refleja tu panorama mental único, allanando el camino para cambios intencionados.

Al embarcarte en este viaje de autoevaluación, acércate a él con actitud receptiva y curiosidad. No hay respuestas correctas o incorrectas, solo percepciones que esperan ser descubiertas. Considera cada pregunta con detenimiento, reflexionando sobre tus tendencias sin juzgarlas. El objetivo no es etiquetarte, sino obtener una comprensión más profunda del panorama único de tu mente.

El cuestionario te invita a reflexionar sobre tus procesos de pensamiento, ayudándote a reconocer los patrones que pueden contribuir al sobrepensamiento. El viaje de cada individuo con pensamiento excesivo es único. Este cuestionario se adapta a tus respuestas, proporcionándote un reflejo personalizado de tus tendencias al pensamiento excesivo.

También es importante tener en cuenta que la concientización precede a la transformación. Al realizar este cuestionario, estás dando un primer paso crucial para fomentar una relación más sana con tus pensamientos.

Pregunta 1: Dilemas de decisión

Cuando te enfrentas a elecciones, ¿te encuentras atormentado incluso sobre las decisiones más pequeñas, temiendo las posibles consecuencias?

- Siempre
- A menudo
- A veces
- Rara vez
- Nunca

Pregunta 2: Modo repetición

¿Frecuentemente tu mente reproduce acontecimientos pasados o analiza minuciosamente conversaciones o situaciones mucho tiempo después de que hayan ocurrido?

- Siempre
- A menudo

- A veces
- Rara vez
- Nunca

Pregunta 3: Fantasías futuras

¿Te preocupa imaginar múltiples escenarios sobre el futuro, especialmente posibles resultados negativos?

- Siempre
- A menudo
- A veces
- Rara vez
- Nunca

Pregunta 4: Cuestionamiento

¿Cuestionas a menudo tus decisiones o acciones, incluso cuando parecían claras en ese momento?

- Siempre
- A menudo
- A veces
- Rara vez
- Nunca

Pregunta 5: Noches sin dormir

¿Te encuentras con frecuencia despierto por la noche con la mente zumbando con pensamientos, lo que te dificulta relajarte?

- Siempre
- A menudo
- A veces
- Rara vez
- Nunca

Pregunta 6: Situaciones sociales

En situaciones sociales, ¿sueles analizar en exceso tus propias palabras y acciones o a suponer sobre lo que podrían estar pensando los demás?

- Siempre
- A menudo
- A veces
- Rara vez

- Nunca

Pregunta 7: Pensamiento catastrofista

¿Muchas veces te precipitas al peor escenario posible en diversas situaciones, previendo resultados negativos antes de que sucedan?

- Siempre
- A menudo
- A veces
- Rara vez
- Nunca

Pregunta 8: Parálisis por análisis

Cuando te enfrentas a una tarea o problema, ¿te encuentras atascado en el análisis, lo que te dificulta avanzar?

- Siempre
- A menudo
- A veces
- Rara vez
- Nunca

Pregunta 9: Búsqueda de consuelo

¿Buscas con frecuencia que otras personas te tranquilicen para validar tus decisiones o pensamientos?

- Siempre
- A menudo
- A veces
- Rara vez
- Nunca

Pregunta 10: Momentos conscientes

¿Con qué frecuencia practicas intencionadamente el mindfulness o realizas actividades que te ayuden a mantenerte presente y anclado?

- Siempre
- A menudo
- A veces
- Rara vez
- Nunca

Puntuación

Suma los puntos de cada respuesta:

Siempre: 5 puntos

A menudo: 4 puntos

A veces: 3 puntos

Rara vez: 2 puntos

Nunca: 1 punto

Interpretación

40-50 puntos: Alta probabilidad de tendencias a sobrepensar

30-39 puntos: Probabilidad moderada de tendencias a sobrepensar

20-29 puntos: Probabilidad leve de tendencias a sobrepensar

10-19 puntos: Baja probabilidad de tendencias a sobrepensar

Mientras reflexionas sobre los resultados de tu cuestionario, aquí tienes algunas ideas y consejos preliminares:

Alta Probabilidad de Sobrepensar (40-50 puntos)

Si tu puntuación sugiere una alta probabilidad, no estás solo. Esta concientización es la primera clave para el cambio. Considera la posibilidad de explorar prácticas de mindfulness y técnicas de anclaje para llevar tu atención al momento presente. En los próximos capítulos, profundizaremos en estrategias específicas para desenredar la maraña del pensamiento excesivo.

Probabilidad Moderada de Sobrepensar (30-39 puntos)

Una probabilidad moderada indica áreas en las que el sobrepensamiento puede influir en tus procesos de pensamiento. Concéntrate en identificar los desencadenantes y patrones específicos revelados en el cuestionario. Los ejercicios de mindfulness y las estrategias cognitivas serán herramientas valiosas a medida que avancemos por los capítulos, ofreciéndote soluciones personalizadas para tu viaje único.

Probabilidad Leve de Sobrepensar (20-29 puntos)

Aunque tu probabilidad de sobrepensar es leve, aún puede haber casos en los que se filtre. Reconoce estos momentos y explora formas de mejorar tus procesos de toma de decisiones. Los próximos capítulos te proporcionarán ejercicios prácticos para reforzar tu resiliencia mental y fomentar una mentalidad más intencionada.

Baja Probabilidad de Sobrepensar (10-19 puntos)

Una baja probabilidad sugiere un menor impacto del sobrepensamiento en tu vida. ¡Celebra tu enfoque consciente! Aun así, todo el mundo puede beneficiarse de perfeccionar sus procesos de pensamiento. Los próximos capítulos te ofrecerán valiosas ideas y estrategias para mejorar aún más tu bienestar mental.

Recuerda que estos resultados no son etiquetas, sino letreros que te guiarán en tu viaje. Los capítulos siguientes profundizarán en soluciones prácticas, proporcionando un conjunto de herramientas para abordar el sobrepensamiento desde el origen. Mantente atento a las estrategias basadas en pruebas, historias cercanas y ejercicios prácticos diseñados para provocar un cambio duradero.

Al concluir este capítulo, habrás adquirido una valiosa perspectiva del complejo mundo del sobrepensamiento: qué es, cómo se manifiesta y los mecanismos psicológicos y neurológicos que lo sustentan. Ahora, puede que sientas curiosidad por conocer las consecuencias en la vida real y los estragos que está causando en tu salud mental, decisiones y relaciones.

En el próximo capítulo, descifraremos el verdadero impacto del sobrepensamiento en tu vida. ¿Estás preparado para enfrentarte a la verdad? Prepárate para explorar los efectos tangibles y descubrir cómo recuperar el control sobre tus pensamientos puede conducirte a una vida más plena e intencionada.

Capítulo 2
Cómo el Sobrepensar Te Agota

"Se calcula que en todo el mundo se pierden 12.000 millones de días laborales al año debido a la depresión y la ansiedad, con un costo de 1 billón de dólares anuales en pérdida de productividad" (OMS, 2022).

Ahora, deja que eso se hunda. Más allá de la lucha individual, el sobrepensamiento ha sido entrelazado en el tejido mismo de la productividad de nuestra sociedad, dejando a su paso un precio muy alto. Pero el impacto se extiende mucho más allá del ámbito profesional. En este capítulo, desenredaremos los laberintos de cómo el sobrepensamiento te fatiga mentalmente, deteriora tu destreza en la toma de decisiones, tensa tus relaciones y ensombrece tu bienestar general.

Salud Mental: Ansiedad y Depresión

En el ámbito de los trastornos emocionales, la sensibilidad al estrés es un actor muy conocido. El baile entre el estrés, la rumiación y los trastornos emocionales como el trastorno depresivo mayor (TDM) y el trastorno de ansiedad generalizada (TAG) revela una compleja interacción.

El estudio, que indaga en la vida cotidiana de 145 adultos con TDM, TAG, TDM-TAG comórbido o sin psicopatología, arroja un relato convincente. Los individuos diagnosticados con trastornos emocionales informaron de una mayor reflexión relacionada con el acontecimiento en comparación con sus homólogos no patológicos, incluso cuando se ajustaba la percepción estresante del acontecimiento.

La rumiación, caracterizada por un estilo de pensamiento negativo y repetitivo sobre los síntomas presentes y pasados, la pérdida y el fracaso, surgió como una respuesta común al estrés. Contrariamente a las creencias tradicionales que asocian la reflexión únicamente con la depresión, el estudio sugiere que tiene una asociación igual con la ansiedad. En los casos comórbidos se observaron niveles aún más graves de rumiación, lo que subraya la gravedad de la carga emocional.

Las secuelas de la rumiación relacionada con el estrés pintaron un cuadro vívido. Aquellos que se involucraron en una mayor rumiación posterior al acontecimiento experimentaron un peor afecto, más conductas desadaptativas y un aumento de los síntomas de TDM y TAG en la siguiente evaluación. Esto persistió incluso cuando se tuvieron en cuenta los niveles previos al acontecimiento de estas variables.

Estos hallazgos implican a la rumiación como un mecanismo de sensibilidad al estrés, ofreciendo una visión de cómo puede perpetuar y mantener la depresión y la ansiedad en la vida cotidiana. El estudio no solo refuerza la asociación entre el sobrepensamiento y los trastornos emocionales, sino que también enfatiza las formas matizadas en que la rumiación responde a los factores estresantes (Ruscio y otros, 2015).

Mientras navegamos por el impacto del sobrepensamiento en la salud mental, este estudio de caso sirve como un capítulo conmovedor en la narrativa general.

En nuestra exploración de la compleja danza entre el sobrepensamiento y la salud mental, es esencial comprender los fundamentos médicos y psicológicos de la ansiedad y la depresión.

La ansiedad no es solo una preocupación ordinaria; es una sinfonía de hiperalerta en tu mente y cuerpo. Imagina esto: Tu cerebro, una bulliciosa metrópolis de pensamientos, empieza a percibir amenazas incluso en ausencia de peligro inmediato. La respuesta al estrés, un mecanismo natural diseñado para la supervivencia se convierte en un tamborileo implacable que hace saltar las alarmas innecesariamente.

Ahora bien, ¿dónde entra en juego el sobrepensamiento? Imagina tus pensamientos como mensajeros, que transmiten información al cerebro. En la ansiedad, estos se vuelven hiperactivos, emitiendo un aluvión de señales de preocupación. Pensar en exceso amplifica estas señales, creando una cacofonía de "y si..." y los peores escenarios.

Al darle vueltas a las amenazas potenciales, tu cerebro interpreta esta actividad mental prolongada como un estado perpetuo de peligro. Esto desencadena la liberación de hormonas del estrés como el cortisol y la adrenalina, preparando el escenario para un bucle continuo de ansiedad. Pensar demasiado, en esencia, aviva las llamas de esta hiperexcitación, convirtiendo una preocupación pasajera en un estado persistente de ansiedad.

Ahora, cambiemos nuestro enfoque a la depresión. La depresión no consiste solo en sentirse triste; es una profunda sensación de vacío y desconexión. Imagina que los neurotransmisores del cerebro, como mensajeros que transportan las señales del estado de ánimo, sufren interrupciones en su comunicación.

Pensar demasiado es como un conductor implacable, que orquesta una sombría melodía de dudas sobre uno mismo, culpa y desesperación. La repetición constante de pensamientos negativos altera la química del cerebro, afectando a neurotransmisores como la serotonina. En términos más sencillos, cuanto más pienses, más desafinará la sinfonía reguladora del estado de ánimo de tu cerebro.

A medida que la depresión se arraiga, la toma de decisiones se nubla, las relaciones se tensan y el bienestar general se ve comprometido. Pensar en exceso, con su persistente dominio de los pensamientos negativos, desempeña un papel fundamental en la dirección de esta sinfonía hacia los tonos melancólicos de la depresión.

Sobrepensar se convierte en un catalizador de la ansiedad y la depresión al intensificar las sinfonías mentales. Altera el equilibrio armonioso de tu mente, empujando la balanza hacia la hiperalerta y el desánimo (The Awareness Centre, 2022).

Tus Primeros Pasos Hacia la Tranquilidad

El viaje hacia la tranquilidad comienza con la concientización. Reconocer los patrones de sobrepensamiento en tu vida. Observar las sinfonías de ansiedad y depresión que pueden haber encontrado un escenario en tu mente. Esta concientización es tu primer rayo de luz, que ilumina el camino hacia el cambio.

Cuando se desate la tormenta del pensamiento excesivo, las técnicas conexión se convertirán en tus anclas. Los ejercicios sencillos de mindfulness, la respiración profunda o la concentración en el momento presente pueden proporcionarte consuelo. Estas técnicas no son hechizos mágicos para desterrar el sobrepensamiento, sino herramientas para anclarte cuando arrecia la tempestad mental.

No estás solo en este viaje. Acude a amigos, familiares o a un confidente de confianza. Comparte tus pensamientos y luchas. A veces, el simple hecho de expresar tus preocupaciones puede aliviar la carga. La conexión humana es un poderoso antídoto contra los efectos aislantes de sobrepensar.

En caso de síntomas graves, considera la posibilidad de buscar orientación profesional. Los profesionales de la salud mental son como navegantes expertos, equipados para guiarte a través de aguas desconocidas. Aportan experiencia, herramientas y un oído compasivo a tu viaje. Consultar a un profesional es un paso valiente y esencial para recuperar tu bienestar mental.

Las nubes del sobrepensamiento pueden persistir, pero con cada paso, te acercas a la tranquilidad de una mente más clara.

Parálisis por Decisión: Miedo a Decidir

Vayamos juntos a una escena conocida. Imagínate de pie en la encrucijada de tu carrera, con dos ofertas de trabajo. Una promete estabilidad financiera, mientras que la otra resuena con tu pasión. Parece un dilema prometedor, ¿verdad? Pero ¿y si esta decisión se convierte en un laberinto, cada camino envuelto en la niebla de la incertidumbre?

Detente un momento. ¿Has estado aquí? ¿De pie, congelado, no por la magnitud de las opciones, sino por el miedo a tomar la equivocada? Si es así, has bailado con la parálisis por decisión, un complejo vals entre el deseo de la elección perfecta y los inquietantes susurros de "¿Y si...?".

En nuestro viaje por la vida, las elecciones determinan nuestro destino. Desde lo mundano hasta lo que cambia la vida, las decisiones dan forma a nuestra historia. Sin embargo, hay momentos en los que la mera abundancia de opciones se siente como una carga. El miedo a tomar la decisión equivocada, a aventurarnos por un camino que se aleja de nuestras aspiraciones, puede dejarnos varados en un mar de indecisión.

En esencia, la parálisis por decisión es el estado de ser incapaz de tomar una decisión, a menudo debido a una afluencia abrumadora de pensamientos, dudas y temores. Es la sensación de estar atrapado en el fuego cruzado de elecciones contrapuestas, cada opción acompañada de su propio conjunto de pros, contras e "y si..." (Procrastination.com, 2016).

Sobrepensar magnifica la importancia de cada elección, convirtiendo incluso decisiones aparentemente triviales en tareas monumentales. La mente se inunda de posibilidades, creando un atasco mental que detiene el proceso de toma de decisiones.

Un factor importante en la parálisis por decisión es el miedo a tomar la equivocada. Pensar demasiado amplifica este miedo, haciendo que la perspectiva del arrepentimiento se cierna sobre nosotros. La mente se fija en los posibles resultados negativos, obstaculizando tu capacidad para avanzar con confianza.

El pensamiento excesivo se nutre del análisis, pero alcanza un punto de inflexión en el que el análisis continuo se convierte en un obstáculo más que en una ayuda. La mente se enreda tanto en sopesar pros y contras que alcanza un estado de parálisis por análisis, dejándote atrapado en el limbo de la toma de decisiones.

Ahora, conectemos los puntos entre la parálisis por decisión y el sobrepensamiento. Pensar demasiado es el combustible que alimenta la parálisis por decisión. Introduce una complejidad innecesaria, aumenta la ansiedad sobre los posibles resultados y transforma la toma de decisiones en una carrera de obstáculos mentales.

Ejercicio Práctico

Emprendamos un viaje para recuperar el arte perdido de la toma de decisiones. Este sencillo ejercicio está diseñado para ser tu campo de entrenamiento, un escenario de bajo riesgo en el que puedas flexionar tus músculos de toma de decisiones sin el peso del mundo sobre tus hombros.

Paso 1: La paleta de decisiones

Empieza creando una paleta de decisiones. Piensa en ella como en la paleta de un artista llena no de colores sino de opciones. Anota tres o cuatro decisiones sencillas que hayas estado posponiendo: un libro que leer, una película que ver, una nueva receta que probar o incluso un lugar que visitar en tu localidad.

Paso 2: El juego de la eliminación

Ahora, juega a la eliminación. Repasa cada opción y elimina rápidamente una. Confía en tus instintos y evita pensar demasiado en esta fase. Si una opción concreta te parece correcta en ese momento, adelante con ella. Este ejercicio trata de romper el hábito del análisis excesivo.

Paso 3: Observa tus sentimientos

Después de tomar cada decisión, haz una pausa y observa cómo te sientes. Anota cualquier sensación de alivio, emoción o incluso de ligera incomodidad. Comprender tus respuestas emocionales es una parte clave de este ejercicio.

Paso 4: Reflexiona y aprende

Una vez que hayas tomado todas las decisiones, tómate un momento para reflexionar. ¿Qué descubriste sobre tu proceso de toma de decisiones? ¿Notaste algún patrón o pensamiento recurrente? Esta reflexión constituye una valiosa visión de tu relación con la toma de decisiones.

Paso 5: Complejidad gradual

A medida que te sientas más cómodo con este ejercicio, introduce gradualmente decisiones de complejidad creciente. El objetivo es crear una sensación de facilidad y confianza a la hora de tomar decisiones, sin importar la escala.

Recuerda que se trata de un viaje y que el progreso suele producirse a pequeños pasos. Celebra las victorias, por pequeñas que sean, y acepta las oportunidades de aprendizaje que presenta cada decisión.

Estrategias para Tomar Decisiones Sin Miedo

Descubramos el misterio que se esconde tras la toma de decisiones sin miedo y empodérate para retomar tus decisiones con confianza. He aquí algunas estrategias hechas a medida para disolver la niebla de la indecisión:

Acepta la Imperfección

En el gran esquema de la toma de decisiones, la perfección es un objetivo impreciso y a menudo inalcanzable. En lugar de esforzarse por conseguir un resultado inmaculado, acepta la belleza de la imperfección como parte integrante del viaje. Reconoce que no es necesario que cada decisión sea impecable; de hecho, las imperfecciones pueden servir como valiosos peldaños hacia el crecimiento personal y profesional.

Al reconocer que la imperfección es una parte natural de la toma de decisiones, te liberarás de las garras paralizantes del perfeccionismo. Comprende que el camino hacia el progreso está marcado por una serie de elecciones, cada una de las cuales conlleva su propio conjunto de lecciones. Aceptar la imperfección te capacita para evadir las incertidumbres de la toma de decisiones con resiliencia y una mente abierta.

Recuerda que no se trata de evitar los errores, sino de aprender de ellos. Aceptar la imperfección te permite ver las decisiones como oportunidades de crecimiento y desarrollo, fomentando una mentalidad que valora el viaje tanto como el destino. Así pues, deja de lado la búsqueda irrealista de la perfección y emprende tu viaje de toma de decisiones con un nuevo aprecio por la belleza que se encuentra en las imperfecciones de la vida.

Establece un Límite de Tiempo

Sobrepensar, como un astuto ilusionista, suele florecer en la vasta extensión de las posibilidades infinitas. Una estrategia eficaz para burlar este laberinto mental es establecer un límite de tiempo para tu proceso de toma de decisiones. Al incorporar el elemento del tiempo, crea un marco estructurado que te ayuda a navegar por las opciones sin sucumbir al bucle interminable del sobreanálisis.

Cuando impones un límite de tiempo, introduces un sentido de concentración y urgencia en el ámbito de la toma de decisiones. El tic-tac del reloj se convierte en un poderoso aliado que te aleja de los complejos pasillos del sobrepensamiento. El plazo finito te anima a priorizar, filtrar la información esencial y confiar en tus instintos.

Imagina la toma de decisiones como un cautivador concurso en el que dispones de un tiempo limitado para seleccionar la respuesta correcta. La urgencia no solo añade un elemento de emoción, sino que también te impide profundizar demasiado en las complejidades que a menudo introduce pensar demasiado. Te empuja a confiar en tus instintos iniciales, promoviendo un proceso de toma de decisiones más decisivo y eficaz.

Así pues, la próxima vez que te encuentres atrapado en la red del sobrepensamiento, ponte un límite de tiempo. Observa cómo el tictac del reloj se convierte en un faro de claridad, guiándote a través del laberinto de opciones y dirigiéndote hacia decisiones seguras y oportunas.

Concéntrate en lo Que Puedes Controlar

Las decisiones a menudo vienen acompañadas de un sinfín de factores externos, algunos controlables y otros fuera de nuestra influencia. Sobrepensar puede magnificar el peso de estos factores, dejándonos agobiados y paralizados. La clave para liberarse de esta trampa mental es cambiar conscientemente tu enfoque hacia lo que puedes controlar.

Imagina la toma de decisiones como un capitán que dirige un barco a través de mares tormentosos. Algunos elementos, como el tiempo, pueden estar fuera de tu control. Sin embargo, tienes el poder de ajustar las velas, navegar por el rumbo y tomar decisiones estratégicas para afrontar el temporal. Del mismo modo, en el ámbito de la toma de decisiones, identificar los aspectos controlables te permite canalizar tu energía allí donde más importa.

Empieza por analizar la decisión en cuestión. Separa los factores en los que puedes influir o controlar de los que están fuera de tu alcance. Al hacerlo, crearás un límite mental que te protegerá del caos que supone pensar demasiado. Concentra tus esfuerzos en los aspectos que están bajo tu control, ya que éstos se convierten en los puntos centrales de tu proceso de toma de decisiones.

Este cambio de perspectiva cambia las reglas del juego. Transforma la toma de decisiones de una tarea desalentadora afectada por incertidumbres externas en una maniobra estratégica en la que aprovechas tu control. Te conviertes en el capitán de tu barco, navegando con confianza por las aguas de la elección sin ceder a la tormenta del exceso de pensamiento.

Así que, la próxima vez que te enfrentes a una decisión, pregúntate: *¿Qué puedo controlar en esta situación?* Dirige tu atención y energía hacia esos elementos, y sé testigo de cómo este nuevo enfoque te empodera para tomar decisiones con claridad y confianza.

Confía en Tu Intuición

Cuando se trata de tomar decisiones, tu intuición ocupa un lugar central como guía silenciosa pero potente. Piensa en ella como tu brújula interior, un sabio consejero que reside en tu interior. Aprender a confiar en tu intuición es como desbloquear una valiosa fuente de perspicacia que puede influir profundamente en tu proceso de toma de decisiones.

Considera tu intuición como la de un experimentado navegante que ha afrontado las tormentas de la experiencia, ha aprendido de los éxitos y los fracasos y ha asimilado los matices de tu singular viaje. Cuando te enfrentas a una decisión, este asesor interno te susurra pistas sutiles que reflejan una comprensión más profunda, más allá del análisis superficial.

El reto consiste en cultivar una relación con este guía intuitivo y, lo que es más importante, confiar en él. Pensar demasiado suele ahogar los suaves susurros de la intuición con el ruido de un análisis interminable. Para contrarrestarlo, practica sintonizar con tus instintos, esas sutiles sensaciones o corazonadas que suelen acompañar a los puntos decisivos.

Empieza por adoptar el mindfulness en tu toma de decisiones. Date un momento de reflexión tranquila, libre del desorden de sobrepensar. Sintoniza con las sensaciones de tu cuerpo y las emociones que se agitan en tu interior. Tu intuición suele comunicarse a través de estas sutiles señales.

Entrénate para reconocer cuándo una elección te parece correcta en el fondo. Confía en ese sentimiento, porque es tu intuición empujándote en la dirección alineada con tu sabiduría interior. Al igual que un guía experimentado, tu intuición se nutre de una gran cantidad de conocimientos acumulados, ofreciéndote percepciones que superan el análisis consciente.

Desglósalo

¿Alguna vez has sentido que el peso de una decisión monumental se cernía sobre ti? La mera escala de la misma puede ser agobiante, enviando ondas de incertidumbre a través de tu mente. Pero no temas, porque tienes a tu disposición una poderosa estrategia: desglosarla.

Enfoca la toma de decisiones como el montaje de un rompecabezas complejo. Al principio, todo el rompecabezas puede parecer fantástico, pero cuando lo divides en piezas más pequeñas y manejables, el reto resulta menos desalentador. El mismo principio se aplica a las grandes decisiones de tu vida.

En lugar de lidiar con la enormidad de la decisión en su conjunto, dividirla en componentes del tamaño de un bocado. Identifica los elementos clave, las consideraciones y los pasos necesarios. Al dividir la decisión en partes manejables, transformarás una tarea aparentemente insuperable en una serie de pasos alcanzables y comprensibles.

Considera una decisión importante, como un cambio de carrera o una transición vital importante. En lugar de verla como una elección singular e intimidante, divídela en elementos constitutivos. ¿Qué habilidades necesitas? ¿Cuáles son los retos potenciales? ¿Cuáles son los objetivos inmediatos y a largo plazo?

Esta deconstrucción sirve a un doble propósito. En primer lugar, aporta claridad. Cada componente se convierte en un aspecto específico que puedes revisar, analizar y comprender más a fondo. En segundo lugar, introduce una sensación de logro. A medida que abordas cada parte individualmente, vas cobrando impulso y confianza.

Desglosar las decisiones no consiste en evitar la complejidad, sino en rodearla estratégicamente. Imagínalo como atravesar un vasto bosque; al dividirlo en senderos, cada paso resulta más manejable y es menos probable que te pierdas en él.

Aprender de los Errores

Desmintamos un mito común: Los errores no son desvíos, sino paradas esenciales en el viaje de la toma de decisiones. Adoptar esta perspectiva transforma los errores garrafales de obstáculos en peldaños, cada uno de los cuales contribuye a la construcción de tu sabiduría personal.

Considera tu proceso de toma de decisiones como un gran experimento. A veces, a pesar de una planificación cuidadosa y una consideración meditada, el resultado puede no coincidir con tus expectativas. Ahí es donde entran en juego los errores. En lugar de verlos como fracasos, considéralos como lecciones invaluables.

Imagínate a sí mismo como un científico realizando experimentos en un laboratorio. No todas las hipótesis dan el resultado esperado, pero los conocimientos obtenidos de los resultados inesperados contribuyen al progreso científico. Del mismo modo, cada paso en falso en tu camino hacia la toma de decisiones ofrece una lección única, una semilla de sabiduría esperando a ser desenterrada.

Piensa en una decisión de tu pasado que no se desarrolló como esperabas. ¿Qué salió mal y qué aprendiste? Quizá fue una elección de trabajo que no se alineaba con tus pasiones o una relación que te enseñó más sobre tus propios valores. Cada paso en falso contiene las semillas del crecimiento y el autodescubrimiento.

Para navegar por este proceso eficazmente, cultiva una mentalidad que no vea los errores como altibajos sino como guías. Aprovecha la oportunidad de perfeccionar tu destreza en la toma de decisiones analizando el paso en falso. ¿Qué factores contribuyeron al resultado? ¿Qué opciones alternas se podrían haber tomado?

La belleza reside en el poder transformador de los errores. Te desafían a reevaluar, adaptar y evolucionar. Al igual que un escultor refina una obra de arte cincelando las imperfecciones, tus errores refinan tus habilidades para tomar decisiones, dándoles una forma más resiliente y esclarecedora.

Así que, la próxima vez que te encuentres con una desviación en tu viaje de toma de decisiones, haz una pausa y reflexiona. Acepta el error como un maestro, no como un tormento. Cada paso en falso es una oportunidad para profundizar en tu comprensión, enriquecer tu perspectiva y, en última instancia, crear sabiduría a partir de la materia prima de la experiencia. Al fin y al cabo, las lecciones más profundas surgen muchas veces de los giros inesperados del camino de la vida.

Visualiza el Éxito

Embárcate en un viaje mental conmigo. Imagina un escenario en el que tus decisiones se desarrollan a la perfección, cada elección impulsándote hacia el éxito y la plenitud. Esta práctica, conocida como visualización, es una potente herramienta en tu arsenal de toma de decisiones, que aprovecha el poder transformador del pensamiento positivo.

La visualización es más que una simple ensoñación; es un ejercicio mental deliberado y concentrado. Mientras navegas por el laberinto de la toma de decisiones, tómate un momento para cerrar los ojos e imaginar vívidamente los resultados positivos asociados a tus elecciones. Vete a ti mismo alcanzando tus objetivos, superando retos y disfrutando de la alegría del éxito.

Ahora, profundicemos en la ciencia que hay detrás de esta práctica aparentemente sencilla. La visualización funciona según el principio de la neuroplasticidad, la notable capacidad del cerebro para reorganizarse en función de las experiencias. Cuando visualizas vívidamente el éxito, estimulas las mismas vías neuronales que durante el logro real. Esto prepara a tu cerebro para reconocer las oportunidades alineadas con tus objetivos visualizados.

He aquí una guía práctica para incorporar la visualización a tu proceso de toma de decisiones:

- Imagina que tu decisión se desarrolla como las escenas de una película. Visualiza los detalles: las imágenes, los sonidos y las emociones asociadas a los resultados positivos que deseas.

- Amplifica la experiencia involucrando todos tus sentidos. Siente las texturas, oye los sonidos y sumérgete en la riqueza sensorial de tu éxito imaginado.

- Repite la visualización habitualmente. La práctica constante fortalece las conexiones neuronales asociadas con el éxito, reforzando la creencia en tu capacidad para tomar decisiones positivas.

Ahora, pongamos esto en contexto. Considera una decisión que estés contemplando actualmente. Da un paseo mental por el camino del éxito asociado a cada opción. ¿Qué sientes al visualizar resultados favorables? Observa el cambio en tu mentalidad a medida que aceptas la idea de que las decisiones exitosas están a tu alcance.

Busca Opiniones con Prudencia

Aventurarse en un viaje de toma de decisiones a menudo implica buscar la orientación de quienes te rodean. Aunque el consejo de los demás puede ser inestimable, es esencial navegar por este mar de opiniones con discernimiento. Profundicemos en el arte de buscar opiniones sabiamente, asegurándonos de que las voces que acoges en tu espacio de toma de decisiones son las que realmente importan.

Imagina que te encuentras en una encrucijada, ante una decisión que podría marcar tu camino. Es natural recurrir a amigos, familiares o mentores en busca de consejo. Sin embargo, la clave no está en acumular una multitud de opiniones, sino en diferenciar la calidad de los consejos que recibes. Considera la pericia, la experiencia y la preocupación genuina de quienes te ofrecen orientación. Elige unas pocas perspectivas bien meditadas en lugar de una cacofonía de voces contradictorias.

En tu búsqueda de sabiduría, identifica a tu círculo íntimo: las personas cuyos puntos de vista se alinean con tus valores y aspiraciones. Éstas son las voces que resuenan con tus objetivos y comprenden las complejidades de tu decisión. Al limitar el número de asesores a unos pocos elegidos, agilizarás el proceso de toma de decisiones y te asegurarás de que cada perspectiva tenga peso.

Cuando te enfrentes a decisiones que requieran conocimientos especializados, busca el asesoramiento de expertos en el campo correspondiente. Sus puntos de vista pueden aclarar aspectos que podrían resultar sombrías para los demás. Tanto si se trata de un cambio profesional, una elección financiera o un dilema personal, recurrir a la experiencia de personas expertas en la materia puede cambiar las reglas del juego.

Aunque los consejos externos son valiosos, nunca subestimes la sabiduría interior. Tus instintos e intuición, perfeccionados por tus experiencias únicas, son guías poderosos. Utiliza los consejos externos como complemento y no como sustituto de tu conocimiento interior. Confiar en tus instintos garantiza que tus decisiones se alinean auténticamente con tus valores.

Ten en cuenta los valores que definen tu carácter y aspiraciones. Busca la opinión de quienes entienden y respetan estos valores fundamentales. Sus consejos probablemente se alinearán con tu visión, contribuyendo a que tus decisiones resuenen con tu verdadero yo.

Mientras recorres el laberinto de los consejos, recuerda que buscar aportaciones sabiamente es un arte del equilibrio. Acepta las perspectivas que enriquezcan tu comprensión y desafíen tus puntos de vista. Al final, la decisión es tuya, y el consejo que decidas escuchar debe ser una brújula que te guíe, no una tormenta de vientos contradictorios.

Relaciones: Los Precios Sociales

¿Alguna vez has enviado un mensaje y esperado la respuesta, solo para descubrir que tu mente maquinaba un sinfín de interpretaciones por cada momento de silencio que pasaba? Este escenario común se convierte en un dilema en toda regla cuando el exceso de pensamientos toma las riendas. El inocente acto de esperar una respuesta se transforma en una cascada de preguntas: *¿Dije algo malo? ¿Por qué no ha respondido?* La sencillez de la comunicación se convierte en un campo de batalla para los pensamientos ansiosos.

Sobrepensar tiene una curiosa forma de amplificar el silencio. En un entorno de grupo o en una conversación individual, un momento de reflexión en silencio puede desencadenar una tormenta de sobreanálisis. *¿Está molesto conmigo?* Preguntas como ésta resuenan con más fuerza en las cavidades de tu mente, eclipsando la belleza de los silencios compartidos y convirtiéndolos en desavenencias percibidas.

Planificar actividades con amigos o seres queridos debería ser una ocasión alegre, pero para el que sobrepiensa, puede ser un campo minado. Cada decisión, desde elegir un restaurante hasta sugerir planes para el fin de semana, se convierte en una fuente de estrés. El miedo a equivocarse en la elección puede provocar vacilación, indecisión y, en última instancia, una sensación de alejamiento de la alegría de las experiencias compartidas.

Pensar demasiado constantemente puede convertir incluso los paisajes emocionales más estables en montañas rusas. Las pequeñas fluctuaciones del estado de ánimo se magnifican, afectando a las interacciones con amigos, la familia o la pareja. Lo que empezó como una emoción fugaz puede transformarse en una narrativa compleja que afecte no solo a tu bienestar emocional sino también a la dinámica de tus relaciones.

Entablar Interacciones Sociales Saludables: Consejos para Disminuir el Sobrepensamiento

Ahora que hemos esclarecido la tensión que el sobrepensamiento puede ejercer en las relaciones, profundicemos en los consejos prácticos para mejorar tus interacciones sociales. Recuerda que el objetivo no es eliminar cada pensamiento pasajero, sino fomentar una relación más sana con tu mente. He aquí algunas estrategias para guiarte:

- Practica estar presente en el momento. Cuando participes en conversaciones, concéntrate en la persona que tienes delante y en la conversación que están manteniendo. El mindfulness puede ayudarte a anclarte en la realidad, evitando que tus pensamientos entren en una espiral de complejidades innecesarias.

- Fomenta una comunicación abierta y honesta en tus relaciones. Si surgen incertidumbres, no dudes en expresar tus pensamientos y pedir aclaraciones. Las conversaciones transparentes pueden disolver malentendidos y construir conexiones más fuertes.

- Reconoce que no todas las interacciones sociales tienen que ser perfectas. Deja espacio para las imperfecciones, reconociendo que tanto tú como los demás son humanos y propensos a cometer errores ocasionales. Aceptar las imperfecciones puede aliviar la presión de cumplir constantemente estándares poco realistas.

- Cuando surjan pensamientos de duda o preocupación, desafíalos. Pregúntate si hay pruebas concretas que respalden tus suposiciones. A menudo, el sobrepensamiento se nutre de creencias infundadas. Al cuestionar estas conjeturas, puedes obtener una perspectiva más clara.

- Establece límites para tus pensamientos, especialmente para aquellos que suelen adentrarse en el terreno del pensamiento excesivo. Establecer límites mentales puede evitar que te obsesiones con situaciones que quizá no justifiquen una deliberación excesiva.

- Cambia tu mentalidad y pasa de sobreanalizar a disfrutar del momento. Ya se trate de una reunión informal, una conversación sincera o una actividad compartida, saborea la experiencia en lugar de dejarse atrapar por las complejidades del sobrepensamiento.

- En *"Deja de Sobrepensar"*, encontrarás ideas y estrategias detalladas específicamente diseñadas para alimentar relaciones sanas libres de los grilletes del sobrepensamiento.

Poniendo en práctica estos consejos, podrás remodelar gradualmente tu forma de abordar las interacciones sociales, fomentando conexiones que sean genuinas, enriquecedoras y libres de las cargas del pensamiento excesivo.

Una Mejor Calidad de Vida: Impacto en la Felicidad y el Bienestar

Al emprender esta exploración del impacto del sobrepensamiento en tu felicidad y bienestar general, dediquemos un momento a la introspección. Valora estas preguntas y permite que tus respuestas sinceras te guíen:

¿Qué significa para ti la felicidad?

Tómate un momento para definir la felicidad en tus propios términos. ¿Es un estado constante de alegría, momentos de satisfacción o la persecución de objetivos significativos? Comprender tu perspectiva única prepara el terreno para nuestro viaje.

¿Con qué frecuencia te sientes satisfecho?

Reflexiona sobre la frecuencia de los momentos de satisfacción en tu vida. ¿Son momentos pasajeros o duraderos? Medita los factores que contribuyen a tu sensación de bienestar.

¿Es el sobrepensamiento un compañero constante?

Reconoce el papel que desempeña el pensamiento excesivo en tu vida cotidiana. ¿Eclipsa los momentos de alegría, creando una barrera a tu felicidad general? La concientización es el primer paso hacia el cambio.

¿Qué sueños has pospuesto?

Explora las aspiraciones y los sueños que puedes haber dejado de lado debido al sobrepensamiento. ¿Hay objetivos que, con una mente más clara, perseguirías? Reconocerlos puede impulsar tu camino hacia una vida más plena.

¿Cómo cambiaría tu vida sin sobrepensar?

Imagina una vida en la que el pensamiento excesivo no domine tus pensamientos. ¿Qué puertas podrían abrirse y cómo podrían prosperar tu felicidad y bienestar en este escenario?

Siéntete libre de anotar tus pensamientos o simplemente reflexionar estas preguntas. Nuestra exploración se desarrollará, ofreciéndote ideas y estrategias para recuperar tu felicidad y mejorar tu calidad de vida en general.

El Atolladero del Sobrepensamiento

Pensar demasiado actúa como un ladrón de alegría, robándote sigilosamente los placeres sencillos que ofrece la vida. Ese momento de risa con un amigo, el disfrute de una buena comida o la belleza de una puesta de sol, todo ello empañado por el análisis perpetuo de las acciones pasadas y las incertidumbres futuras.

Tu mente se convierte en un campo de batalla en el que se escudriña cada pensamiento, lo que conduce a un estado infinito de fatiga mental. El peso de sobreanalizar las decisiones, las conversaciones e incluso tus propias emociones se convierte en una carga que atenúa la luz de la felicidad.

Cuanto más sobrepiensas, más se convierten las decisiones en tareas descomunales. Esta parálisis por análisis obstaculiza tu capacidad para aprovechar las oportunidades, asumir riesgos y aceptar la espontaneidad que muchas veces conduce a las experiencias más enriquecedoras.

Las relaciones, tanto contigo mismo como con los demás, sufren bajo la presión de sobrepensar constantemente. La verdadera conexión que anhelas se ve oscurecida por las dudas e inseguridades, lo que dificulta disfrutar la profundidad de las conexiones significativas.

Muchas veces pensar demasiado se disfraza como una forma de control, un intento inútil de prever y controlar los resultados. Sin embargo, esta ilusión de control solo sirve para aumentar tu estrés, ya que la imprevisibilidad de la vida sigue siendo una verdad inmutable.

Descubrir la Alegría: Un Ejercicio de Reflexión

Aventurémonos en un viaje de autodescubrimiento y reflexión. Busca un espacio tranquilo donde puedas estar a solas con tus pensamientos. Toma papel y bolígrafo o abre un documento digital, lo que te resulte más cómodo. Ahora, profundicemos en el origen de tu felicidad.

1. **Enumera las cosas que te hacen feliz:** Empieza por anotar las actividades, experiencias y momentos que aportan alegría a tu vida. Pueden ser desde simples placeres hasta hitos significativos. Tómate tu tiempo para recordar y anotar cada uno de ellos.

2. **Reflexiona sobre cómo el sobrepensamiento se infiltra:** Ahora, para cada elemento de tu lista de alegrías, reflexiona sobre cómo suele inmiscuirse el pensamiento excesivo. ¿Te hace dudar de tu capacidad para disfrutar plenamente de esos momentos? ¿Crea una niebla mental que reduce el brillo de estas experiencias?

3. **Identifica patrones y desencadenantes:** Mientras reflexionas, presta atención a cualquier patrón o desencadenante asociado con el sobrepensamiento. ¿Existen determinados tipos de situaciones más propensas al sobreanálisis? ¿Existen pensamientos específicos que interfieren sistemáticamente con tu felicidad?

4. **Sopesa el peso del sobrepensamiento.** Asigna un peso simbólico al impacto del pensamiento excesivo en cada aspecto de felicidad. Utiliza una escala del 1 al 10, en la que 1 indica una interferencia mínima y 10 una carga significativa. Este ejercicio pretende visualizar el peso del sobrepensamiento en diferentes aspectos de tu vida.

5. **Imagina una alegría liberada.** Concluye el ejercicio imaginando cómo la liberación de los grilletes del pensamiento excesivo amplificaría la alegría en cada aspecto. Imagínate una vida en la que estos momentos se experimentan con claridad, espontaneidad y un corazón libre de ataduras.

Reprimiendo el Desarrollo de Tu Carrera: Las Repercusiones Profesionales de Sobrepensar

Conoce a Jade: una profesional dedicada, diligente en sus tareas y rebosante de potencial sin explotar.

Jade se encontraba en el precipicio de un momento decisivo para su carrera: la oportunidad de un merecido ascenso. Su historial decía mucho de sus capacidades y sus compañeros admiraban su ética de trabajo. Sin embargo, a medida que se acercaba la perspectiva de ascender, también lo hacía un compañero inoportuno: el sobrepensamiento.

Enfrentada a las exigencias de toma de decisiones que acompañan al crecimiento profesional, la mente de Jade se convirtió en un campo de batalla de dudas y cuestionamientos. El miedo a tomar la decisión equivocada la paralizó, lo que la llevó a perder una serie de oportunidades de mostrar sus habilidades con confianza. La indecisión se filtró en sus interacciones con los superiores, creando una barrera involuntaria que obstaculizó la visibilidad de sus logros.

El ascenso se le escapó de las manos a Jade no por incompetencia, sino por las cadenas invisibles de sobrepensar. Su relato es un crudo recordatorio de cómo pueden manifestarse las repercusiones profesionales de sobrepensar, impidiendo el crecimiento de la carrera y ascenso en la escala profesional.

Recorrer el Laberinto Profesional

En el laberinto del mundo profesional, el pensamiento excesivo puede tejer hilos sutiles pero impactantes, influyendo en diversos aspectos de nuestras carreras. Profundicemos en las manifestaciones del sobrepensamiento que pueden resonar con tus propias experiencias o las de personas que conozcas.

Habilidad para la procrastinación: El encanto de la procrastinación suele estrechar su cerco cuando el pensamiento excesivo ocupa el centro del escenario. Los proyectos se acumulan a medida que las decisiones se meditan sin cesar, lo que conduce al incumplimiento de los plazos y a una acumulación abrumadora de tareas pendientes.

Parálisis por perfeccionismo: Luchar por la excelencia es admirable, pero cuando el perfeccionismo se vuelve extremo, se convierte en una barrera en lugar de un catalizador. Sobrepensar puede impulsar una búsqueda implacable de la perfección, dificultando el progreso y causando un estrés innecesario.

Inhibición de la iniciativa: Pensar demasiado puede crear una indecisión a la hora de tomar la iniciativa. El miedo a dar el paso equivocado puede frenarte al momento de proponer nuevas ideas, expresar tus opiniones o emprender proyectos que podrían impulsar tu carrera.

Evasión del liderazgo: Ascender en la escala corporativa implica a menudo asumir funciones de liderazgo. Sin embargo, sobrepensar puede infundir miedo al fracaso en los cargos directivos. La responsabilidad y la toma de decisiones que conllevan pueden parecer agobiantes, lo que te hace rehuir tales oportunidades.

Comprender estas manifestaciones es fundamental, ya que sienta las bases para abordar y superar los retos que pueden estar obstaculizando tu progreso profesional.

Sobrepensamiento Profesional y Autoevaluación

Emprendiendo este viaje de autodescubrimiento, dediquemos un momento a evaluar cómo el pensamiento excesivo puede estar afectando a tu carrera. El siguiente cuestionario te ayudará a reflexionar sobre diversos aspectos y a reconocer patrones que podrían estar deteniéndote profesionalmente.

1. ¿Frecuentemente retrasas tareas por miedo a tomar decisiones equivocadas?

2. ¿Se acercan con frecuencia los plazos más rápido de lo que avanzas?

3. ¿Estableces estándares extremadamente altos para tu trabajo que a veces dificultan su finalización?

4. ¿Vacilas a la hora de compartir tu trabajo hasta que cumples estos elevados estándares?

5. ¿Muchas veces te detienes a la hora de proponer nuevas ideas o de asumir proyectos que podrían hacer prosperar tu carrera?

6. ¿El miedo al fracaso te impide aprovechar las oportunidades para mostrar tus capacidades?

7. ¿Eres reacio a asumir funciones de liderazgo por miedo a tomar decisiones críticas?

8. ¿La responsabilidad asociada a los cargos directivos te provoca inquietud?

Puntuación

Cuenta el número de respuestas "sí" para cada apartado.

0-2, bajo impacto—el impacto del sobrepensamiento es bajo en esta área.

3-4, impacto moderado—el sobrepensamiento puede estar obstaculizando tu progreso.

5-6, alto impacto—el sobrepensamiento afecta significativamente a este aspecto de tu carrera.

7-8, impacto extremadamente alto— sobrepensar puede hacer descarrilar tu carrera.

Estrategias para Potenciar Tu Carrera

Ahora que hemos identificado las áreas en las que sobrepensar puede estar afectando a tu carrera, profundicemos en consejos prácticos y ejercicios para mejorar la capacidad de decisión y la proactividad. Aquí tienes tu kit de herramientas personalizado:

Diario de Toma de Decisiones

- Comienza un diario para documentar las decisiones que tomas en el trabajo.
- Reflexiona sobre los resultados y el razonamiento que hay detrás de cada elección.
- Identifica patrones en tu proceso de toma de decisiones y áreas de mejora.

Tabla de Prioridades

- Crea una tabla clasificando las tareas por urgencia e importancia.
- Concéntrate en las tareas que están en el cuadrante "urgente e importante" para evitar sobrepensar innecesariamente.

Intenciones de Aplicación

- Formula planes específicos sobre cómo, cuándo y dónde ejecutarás determinadas tareas.
- Define claramente tus acciones para combatir la ambigüedad que suele alimentar el pensamiento excesivo.

Afirmaciones Positivas

- Desarrolla afirmaciones positivas relacionadas con tus capacidades profesionales.
- Repite estas afirmaciones a diario para fomentar la confianza y contrarrestar las dudas sobre ti mismo.

Exploración de Asesoramiento:

- Busca orientación entre colegas experimentados o profesionales de tu campo.

- Habla de tus objetivos profesionales y de los retos a los que te enfrentas en la toma de decisiones para obtener información valiosa.

Desafía el Perfeccionismo

- Establece estándares realistas para tu trabajo.
- Adopta la filosofía de que "hecho es mejor que perfecto" para superar el perfeccionismo.

Rituales para Fijar Objetivos

- Establecer objetivos profesionales claros a corto y largo plazo.
- Divide los objetivos más grandes en pasos manejables, lo que los hará menos agobiantes.

Iniciativas de Creación de Contactos

- Participa activamente en oportunidades de creación de contactos dentro de tu sector.
- Amplía tus conexiones profesionales para abrir nuevas vías de crecimiento profesional.

Pon en práctica estas estrategias a tu propio ritmo y observa el impacto positivo que pueden tener en tu carrera.

Al concluir este capítulo sobre las repercusiones profesionales de sobrepensar, es evidente que te espera una transformación significativa en este viaje. Has adquirido conocimientos sobre el impacto del pensamiento excesivo en tu vida personal y profesional, y no, es hora de profundizar en las causas subyacentes.

En el próximo capítulo, desentrañaremos la intrincada red de creencias y prejuicios limitantes que a menudo sirven de impulso para el implacable ciclo del sobrepensamiento. Comprender estos factores subyacentes es esencial para liberarte de las cadenas que retener tu crecimiento profesional y personal.

Capítulo 3
Profundizando: Creencias y Prejuicios Limitantes

¿Alguna vez te has preguntado por qué ciertos pensamientos parecen atenazar tu mente, impidiéndote ver posibilidades o tomar decisiones libremente? ¿Y si te dijera que los hilos invisibles que te detienen son tus propias creencias limitantes y sesgos cognitivos?

En este esclarecedor capítulo, nos embarcamos en un viaje de autodescubrimiento, desenredando la compleja red de creencias limitantes y sesgos cognitivos que a menudo se encuentran en el centro de nuestras tendencias a sobrepensar.

Analizar Tus Creencias Limitantes

Las creencias limitantes son las barreras invisibles que dan forma a nuestras percepciones, decisiones y acciones, funcionando muchas veces como los arquitectos silenciosos de nuestra realidad. Estas creencias, arraigadas en nuestro subconsciente a lo largo del tiempo, son el resultado de experiencias personales, influencias sociales e interpretaciones individuales del mundo que nos rodea. En el fondo, las creencias limitantes son convicciones negativas o autosaboteadoras que restringen nuestro potencial, obstaculizan el crecimiento personal y contribuyen significativamente al ciclo del sobrepensamiento.

Imagina las creencias limitantes como lentes a través de las cuales nos vemos a nosotros mismos, a los demás y las posibilidades que nos presenta la vida. Estas lentes pueden distorsionar nuestra perspectiva, tiñéndola de dudas sobre nosotros mismos, miedo o un sentimiento de insuficiencia. Mientras navegamos por la vida, estas creencias guían sutilmente nuestros pensamientos y comportamientos, influyendo en las decisiones que tomamos y en los caminos que elegimos.

En el contexto del sobrepensamiento, las creencias limitantes actúan como catalizadores, alimentando un bucle continuo de autocuestionamiento y vacilación. A menudo se manifiestan como pensamientos como *no soy lo suficientemente bueno, no merezco el éxito o nunca seré capaz de cambiar*. Estas convicciones crean un panorama mental en el que las barreras autoimpuestas eclipsan el vasto paisaje de posibilidades.

Creencias Limitantes Sobre Uno Mismo

Dentro de esta categoría, considera las narrativas que has tejido sobre tus propias capacidades. ¿Te encuentras pensando, *no soy lo suficientemente inteligente*, o *soy inherentemente defectuoso*? Estas creencias se convierten en arquitectos silenciosos que dan forma a tu autoimagen e influyen en tus decisiones. Cuando arrastras tales convicciones, el pensamiento excesivo se filtra, llevándote a escudriñar cada acción a través de la lente de la inseguridad. ¿El resultado? La vacilación, la indecisión y una necesidad constante de reafirmación surgen a medida que el ciclo del sobrepensamiento se arraiga.

Dentro del paraguas más amplio de las creencias limitantes sobre uno mismo, exploremos cómo la edad, las características personales y los sentimientos contribuyen a la dinámica del pensamiento excesivo.

Creencias Limitantes Sobre la Edad

La sociedad impone a menudo expectativas basadas en la edad, e interiorizar estas normas puede dar lugar a creencias limitantes. Pensamientos como *soy demasiado mayor para empezar algo nuevo* o *soy demasiado joven para asumir esas responsabilidades* se convierten en bloqueos mentales. Sobrepensar, en este contexto, se convierte en una justificación para la inacción. Es posible que te encuentres sobreanalizando decisiones y lidiando con las normas sociales sobre lo que es considerado apropiado a una edad determinada.

Creencias Limitantes Sobre los Características Personales

Considera los rasgos que crees que te definen. ¿Te ves como naturalmente desorganizado o falto de perseverancia? Tales convicciones pueden llevarte a pensar demasiado, sobre todo cuando te enfrentan a retos. Al sobreanalizar tus capacidades, podrías atribuir los contratiempos a lo que percibes como defectos inmutables, en lugar de verlos como oportunidades de crecimiento.

Creencias Limitantes Sobre los Sentimientos

Los sentimientos de insuficiencia o el miedo a ser juzgado son creencias limitantes comunes ligadas a las emociones. ¿Alguna vez te has cuestionado si realmente mereces ciertas oportunidades o relaciones? Sobrepensar se convierte en un compañero en esos momentos, amplificando tus dudas e impidiéndote expresar tu auténtico yo (Manson, 2020).

Creencias Limitantes Sobre el Mundo

Dentro del ámbito más amplio de las creencias limitantes, es esencial averiguar cómo nuestras percepciones del mundo moldean nuestros patrones de pensamiento. Estas convicciones sobre el entorno externo pueden contribuir significativamente a pensar en exceso. Profundicemos en tres facetas: la desaprobación, los prejuicios y el deseo de ser especial.

Desaprobación: Una creencia limitante común sobre el mundo es el miedo a la desaprobación. Se manifiesta como una preocupación persistente por lo que los demás piensan de ti o de tus acciones. Este miedo puede convertirse en una atmósfera propicia para pensar demasiado, ya que te cuestionas tus decisiones para alinearte con las expectativas percibidas. *¿Desaprobarán mis decisiones?* se convierte en una pregunta recurrente, que te lleva a analizar meticulosamente cada paso que das. Sobrepensar se convierte en un mecanismo de protección, que intenta navegar por el mundo de forma que evites posibles críticas.

Prejuicios: Las creencias limitantes arraigadas en los prejuicios implican ideas preconcebidas sobre el mundo y sus habitantes. Estos prejuicios pueden manifestarse como un pensamiento estereotipado, creando barreras mentales que dificultan la apertura mental. El sobrepensamiento se presenta cuando te encuentras navegando por las interacciones sociales con una conciencia constante de los prejuicios asumidos. El miedo a ser juzgado o malinterpretado alimenta un ciclo de sobreanálisis, impactando en la autenticidad de tus conexiones y decisiones.

El deseo de ser especial: El anhelo de ser especial o extraordinario es otra faceta de las creencias limitantes sobre el mundo. Aunque es natural buscar la trascendencia, una creencia exagerada en la necesidad de ser excepcional puede llevarte a sobrepensar. Esforzarse constantemente por ser único puede llevar a analizar minuciosamente cada elección para asegurarse de que destacas. El pensamiento excesivo se convierte en un compañero, susurrando dudas sobre tu valor cuando las acciones no se alinean con una expectativa exagerada de ser especial (Manson, 2020).

Creencias Limitantes Sobre la Vida

Estas convicciones dan forma a nuestra comprensión de la existencia y, si no se examinan, pueden convertirse en un terreno apto para el sobrepensamiento. Exploremos tres aspectos comunes: el miedo a haber perdido el tren, la percepción del tiempo y la creencia de que la vida no existe realmente.

Miedo a haber perdido el tren: Esta creencia sugiere un miedo a la irrevocabilidad o la idea de que las oportunidades son finitas y singulares. Esta creencia limitante puede impulsar el pensamiento excesivo al escudriñar las decisiones pasadas, temiendo que ciertas oportunidades no vuelvan a presentarse nunca más. La constante reevaluación de las elecciones y la inquietante pregunta de *"¿Y si perdí mi oportunidad?"* pueden dominar tus pensamientos, impidiéndote aprovechar plenamente las oportunidades que se te presentan.

Percepción del tiempo: Las creencias limitantes sobre el tiempo pueden contribuir considerablemente a sobrepensar. La percepción de que el tiempo se acaba o de que nunca hay suficiente puede crear una sensación de urgencia que alimente el sobreanálisis. Cada decisión, por insignificante que sea, puede sentirse como una carrera contra el tiempo, lo que provoca una meditación exhaustiva. Desenredar estas creencias es esencial para fomentar una relación más sana con el tiempo, que te permita tomar decisiones con mayor claridad y propósito.

La vida no existe: Algunas personas lidian con la creencia filosófica de que la vida no existe realmente o de que su significado es impreciso. Esta incertidumbre existencial puede conducirte a sobrepensar mientras recorres las complejidades de la existencia. Las preguntas sobre el propósito de tus acciones o el significado de tus esfuerzos pueden volverse persistentes, impulsando un ciclo continuo de introspección. Abordar estas creencias es integral para encontrar un equilibrio entre la contemplación y la acción, enriqueciendo tu experiencia de vida (Manson, 2020).

Al explorar y cuestionar estas creencias limitantes sobre la vida, allanarás el camino hacia un enfoque más liberado e intencionado de la toma de decisiones.

Ejemplos de Creencias Limitantes

No puedo cambiar

Soy demasiado viejo para empezar algo nuevo.

No tengo el talento suficiente.

No soy extrovertido, así que no puedo tener éxito en situaciones sociales.

Expresar mis verdaderos sentimientos me hará vulnerable y débil.

Si los demás me desaprueban, soy un fracaso.

Los prejuicios siempre me detendrán.

Tengo que ser especial para ser valorado.

He perdido el tren; es demasiado tarde.

El tiempo se acaba; no puedo alcanzar mis objetivos.

Ciertas oportunidades o la felicidad no existen para mí.

El éxito es solo para unos pocos afortunados.

Si fracaso una vez, estoy destinado a fracasar para siempre.

No tengo la educación ni los recursos para triunfar.

No soy adorable tal y como soy.

Si me abro, la gente se aprovechará de mí.

Tengo que complacer a todo el mundo para mantener las relaciones.

El dinero es el origen de todos los problemas.

Nunca tendré seguridad financiera.

Los ricos son codiciosos y poco éticos.

Estoy destinado a tener problemas de salud debido a mis antecedentes familiares.

No puedo cambiar mis hábitos poco saludables; es demasiado difícil.

Si experimento estrés, mi salud se verá inevitablemente afectada.

No soy lo bastante inteligente para entender temas complejos.

Aprender nuevas habilidades me resulta imposible.

Soy demasiado viejo para adquirir nuevos conocimientos.
(Kristenson, 2023)

Eliminar Tus Prejuicios Cognitivos

Los sesgos cognitivos son como inclinaciones o tendencias sutiles en la forma en que tu mente procesa la información. Pueden predominar en tu juicio o en la toma de decisiones sin que seas consciente de ello. En lugar de presentar una visión objetiva de la realidad, los sesgos cognitivos introducen sutiles distorsiones. Al comprender y reconocer estos patrones mentales, adquieres la capacidad de abordar la información de forma más objetiva y tomar decisiones con mayor claridad.

Los prejuicios cognitivos son patrones sistemáticos de alteración de la norma o una falta de racionalidad en el juicio, a menudo derivados del intento del cerebro de simplificar el procesamiento de la información. Representan atajos mentales influenciados por diversos factores, como la presión social, las experiencias emocionales y las creencias individuales. Más que evaluaciones objetivas, los sesgos cognitivos pueden conducir a errores de percepción y afectar a la toma de decisiones. Reconocerlos es esencial para fomentar una comprensión más precisa y racional del mundo que nos rodea (Nikolopoulou, 2022).

Sesgos que Alimentan el Sobrepensamiento

Sesgo de Confirmación

Este sesgo nos obliga a buscar e interpretar la información que se alinea con nuestras creencias preexistentes. Imagina que llevas unas gafas de sol que solo dejan pasar la luz del sol que coincide con el color que prefieres. El sesgo de confirmación funciona de forma similar, filtrando selectivamente la información para que se ajuste a nuestra zona de confort mental. Puede llevarnos por el camino de reforzar los pensamientos existentes, obstaculizando un análisis más objetivo de las situaciones (Cherry, 2021).

Sesgo Retrospectivo

¿Alguna vez has recordado una decisión y pensado: *"Lo supe todo el tiempo"*? Eso es el sesgo retrospectivo en juego. Deforma nuestra memoria, haciendo que los acontecimientos parezcan más predecibles después de que hayan ocurrido. Es como ver una película por segunda vez y convencerse de que previste los giros de la trama. En el contexto del sobrepensamiento, este sesgo puede alimentar una autocrítica excesiva, ya que creemos erróneamente que deberíamos haber previsto los resultados.

Sesgo de Anclaje

Imagina que sueltas un ancla que influye en tu percepción de una situación. La pieza inicial de información que encuentras se convierte en esa ancla, afectando desproporcionadamente a las decisiones posteriores. Si un producto se presenta primero con un precio elevado, incluso una oferta con descuento puede parecer cara en comparación. Este sesgo de pensamiento excesivo hace que nos fijemos en el dato inicial, lo que puede guiarnos por mal camino en nuestro proceso de toma de decisiones.

Efecto de Desinformación

Imagina un juego de teléfono en el que la información cambia a medida que pasa de una persona a otra. El efecto de desinformación funciona de forma similar, distorsionando nuestros recuerdos cuando nos exponemos a información engañosa. En el ámbito del sobrepensamiento, este sesgo puede hacernos dudar de nuestros recuerdos, desencadenando análisis innecesarios y turbulencias mentales.

Sesgo del Actor-Observador

En el teatro de la mente, a menudo desempeñamos un doble papel: el de actor y el de observador. Este sesgo pone de manifiesto la tendencia a atribuir nuestras acciones a factores externos (cuando somos los actores) y las acciones de los demás a factores internos (cuando somos los observadores). Imagina una escena en la que tropiezas con una grieta de la acera. Como actor, le echas la culpa al pavimento irregular, pero como observador que ve a otra persona tropezar, podrías suponer que se trata de una torpeza. En el contexto del sobrepensamiento, este sesgo puede nublar nuestro juicio al llevarnos a pasar por alto factores externos que influyen en nuestras acciones.

Efecto de Falso Consenso

Imagina que estás convencido de que todo el mundo debe compartir sus opiniones y creencias. El efecto de falso consenso hace realidad este escenario, ya que nos lleva a sobrestimar la prevalencia de nuestros propios puntos de vista en la sociedad. Es parecido a ser el protagonista de una historia en la que todo el mundo está mágicamente de acuerdo con el héroe. Este sesgo puede alimentar una sensación de aislamiento o incomprensión, haciéndonos creer que nuestros pensamientos son universalmente compartidos, lo que muchas veces da lugar a sobrepensar.

Efecto Halo

Imagina un halo que proyecta un resplandor sobre alguien a quien admiras. Este efecto se produce cuando nuestra impresión general de una persona influye en nuestras percepciones de sus características específicas. Si alguien es estéticamente agradable, podemos suponer que posee otras cualidades positivas. En el ámbito del sobrepensamiento, este sesgo puede nublar nuestro juicio, lo que dificulta la evaluación objetiva de situaciones o personas sin el brillo de las ideas preconcebidas.

Sesgo Egoísta

En el caso de la autorreflexión, el sesgo egoísta se convierte en el centro de atención. Consiste en atribuir los acontecimientos positivos a nuestro propio carácter mientras culpamos de los negativos a factores externos. Imagina que se levanta el telón de una obra de teatro en la que el protagonista siempre reclama el mérito del éxito, pero señala a los demás por los fracasos. En el contexto del sobrepensamiento, este sesgo puede conducir a una imagen distorsionada de uno mismo, lo que repercute en nuestra capacidad para aprender de las experiencias (Cherry, 2021).

Disponibilidad Heurística

Piensa en ello como un atajo mental que utilizamos cuando juzgamos la probabilidad de que algo ocurra. Es como elegir un libro de la estantería de una biblioteca: cuanto más fácil es recordar un ejemplo, más importancia le damos. Esto significa que podemos confiar demasiado en la información que es fácilmente accesible en nuestra mente, aunque no represente el panorama completo.

Sesgo del Optimismo

Imagina a alguien que siempre espera que las cosas salgan bien, independientemente de la situación. El sesgo del optimismo es un poco como el del eterno optimista. Nos lleva a subestimar sistemáticamente las posibilidades de que nos ocurran cosas malas. Es como creer que la historia de nuestra vida siempre tendrá un final feliz. Al sobrepensar, este sesgo puede afectar a nuestra forma de ver los riesgos y de tomar decisiones (Cherry, 2021).

Cómo Detectar Tus Creencias Y Prejuicios Limitantes

¿Alguna vez dudas en perseguir un objetivo, convencido de que está fuera de tu alcance? ¿O quizás, en un desacuerdo, te has aferrado a tu punto de vista sin considerar otras perspectivas? Profundicemos en un viaje reflexivo. Tómate un momento para deliberar sobre los casos en los que tus creencias te detuvieron, o los prejuicios moldearon tus percepciones. En el centro de tu mente, ¿qué papeles han desempeñado las creencias limitantes y los prejuicios?

Emprendamos una búsqueda de autodescubrimiento. A continuación, encontrarás unas pautas de reflexión diseñadas para descubrir las creencias y los prejuicios que pueden permanecer ocultos. Para cada pregunta, dedica un momento a reflexionar y anota tus respuestas:

Edad y Características Personales

¿Qué tan seguido comparas tus logros con los de otras personas de tu edad?

¿Existe una edad concreta en la cual crees que deberían alcanzarse determinados objetivos?

¿Hay rasgos de tu personalidad que percibas como obstáculos para tu desarrollo personal?

¿Crees que ciertas cualidades de carácter son fijos y no pueden cambiarse?

Sentimientos

¿Consideras que tus decisiones se ven influenciadas por emociones como el miedo, la duda o la ansiedad?

¿Hay casos en los que tus sentimientos te impiden asumir riesgos calculados?

¿Frecuentemente te cuestionas a ti mismo debido a sentimientos de insuficiencia o duda?

¿Has evitado buscar oportunidades por miedo al fracaso o al rechazo?

Visión del Mundo

¿Muchas veces sientes que has perdido oportunidades o que es demasiado tarde para perseguir ciertos objetivos?

¿Hay aspectos de tu vida en los que sientes que el tiempo es un factor limitante?

¿Qué importancia concedes a las opiniones y la desaprobación de los demás a la hora de tomar decisiones?

¿Hay casos en los que hayas reconocido prejuicios o estereotipos que influyan en tus juicios sobre las personas?

Perspectiva de Vida

¿Alguna vez has sentido que has "perdido el tren" de ciertas oportunidades?

¿Te presiona el concepto del tiempo, afectando a tus decisiones?

¿Comparas tus logros con los de los demás, sintiéndote insuficiente?

¿Dudas a la hora de emprender nuevas iniciativas por miedo al fracaso?

Creencias Generales Sobre la Vida

¿Tienes la creencia de que la vida es inherentemente injusta o que carece de oportunidades?

¿Tienes la sensación de que ciertas posibilidades simplemente no existen para ti?

¿Tienes tendencia a culpar a factores externos de tus retos en lugar de asumir la responsabilidad?

¿Utilizas a menudo frases como "no puedo" o "nunca podré" cuando consideras objetivos ambiciosos?

Ahora, revisa tus respuestas. Identifica los temas o patrones recurrentes. ¿Hay hilos comunes en tus creencias que destaquen? Este ejercicio es tu espejo, que refleja las creencias que pueden estar influyendo en tus pensamientos y acciones.

Estrategias para Superar las Creencias Limitantes

James Baldwin, conocido novelista y crítico social estadounidense, comentó en una ocasión: "No todo lo que se afronta puede cambiarse, pero nada puede cambiarse hasta que se afronta"(Ritchie, 2022). Estas palabras resumen la esencia de nuestro viaje hacia delante: afrontar y remodelar nuestras creencias limitantes para construir un futuro rico en posibilidades.

Identificar y Reconocer

Comienza por realizar una autoevaluación honesta. Identifica los pensamientos y creencias que puedan estar limitando tu crecimiento. Esto implica mirar hacia dentro y reconocer la existencia de ideas que impidan tu potencial. Por ejemplo, puedes darte cuenta de que a menudo piensas: *"No soy lo bastante bueno para ese ascenso"*.

Profundiza en los orígenes de estas creencias. Explora si proceden de experiencias de la infancia, expectativas sociales o altibajos del pasado. Comprender el origen es fundamental para abordar las raíces profundas de las mismas (Grant, 2017).

Cuestiona Tus Creencias

Desafía la validez de tus creencias identificadas mediante una evaluación crítica. Debate si estas creencias son ciertas en el contexto actual o si están basadas en suposiciones obsoletas. Este paso implica aportar una perspectiva racional y analítica a tus procesos de pensamiento. Cuestiona pensamientos como *No se me da bien hablar en público* evaluando las presentaciones recientes que hayas realizado con éxito.

Compara tus creencias con la realidad objetiva. Analiza si existen pruebas concretas que respalden estas creencias o si son meras percepciones. Este proceso ayuda a distinguir entre interpretaciones subjetivas y verdades factuales.

Reconocer las Consecuencias Potenciales

Tómate un momento para visualizar las posibles consecuencias de aferrarte a tus creencias limitantes. Imagina las oportunidades perdidas, el potencial insatisfecho y el crecimiento limitado que pueden derivarse de estas creencias. Por ejemplo, si crees que no eres creativo, imagina cómo esto podría obstaculizar tu capacidad para innovar en tu carrera.

Reconoce que aferrarse a creencias autolimitantes puede hacer que pases por alto oportunidades valiosas. Si crees que *no eres bueno para crear contactos*, admite cómo esta creencia puede llevarte a perder oportunidades de crecimiento profesional y colaboración.

Recuerda situaciones en las que tus creencias limitantes pueden haber influido en tus decisiones. Considera cómo estas creencias pueden haberte detenido o afectado a tus decisiones. Si una creencia como *No puedo dirigir un equipo* ha influido en tus elecciones profesionales, reflexiona sobre los casos concretos en los que esta creencia desempeñó un papel.

Adopta Creencias Empoderadoras

Toma las riendas de tu historia replanteando las creencias autolimitantes en creencias empoderadoras. Por ejemplo, si crees que *Siempre fracaso*, transfórmala en *Aprendo y crezco de cada experiencia*. Elabora una narrativa positiva y orientada al crecimiento que se alinee con tus objetivos y aspiraciones.

Aprovecha el poder de las afirmaciones positivas para reforzar tu nuevo sistema de creencias. Repite con regularidad afirmaciones que contrarresten tus pensamientos autolimitantes. Si estás desafiando la creencia de *No soy digno*, afirmaciones como *Soy merecedor éxito y felicidad* pueden remodelar gradualmente tu mentalidad.

También es importante asegurarse de que tus creencias empoderadoras se alinean con tus objetivos personales y profesionales. Si tu objetivo es avanzar en tu carrera y estás fomentando la creencia *Soy capaz de liderar*, la alineación refuerza tu compromiso con el cambio positivo.

Alinea tus comportamientos con tus nuevas creencias. Actúa de acuerdo con ellas para crear una conexión armoniosa entre tus pensamientos y tus acciones. Si estás adoptando la creencia *Soy capaz de resolver problemas*, involúcrate activamente en la resolución de retos para reforzar esta creencia a través de la experiencia práctica.

Poner en Práctica

Divide los objetivos generales en pasos más pequeños y manejables. Crea un plan estratégico que describa las acciones secuenciales necesarias para alcanzar cada hito. Al transformar los objetivos más amplios en pasos procesables, harás que el progreso sea más tangible y alcanzable.

Prioriza las tareas en función de su secuencia lógica y dependencias. Establece un orden claro para completar cada paso, garantizando un enfoque estructurado y organizado. Esta priorización secuencial minimiza el agobio y te guía a través de una progresión centrada hacia tus objetivos más amplios.

Mantente flexible en tu planificación. Permite que se realicen ajustes en función de la evolución de las circunstancias o de tus percepciones. La flexibilidad garantiza que tu enfoque para alcanzar los objetivos siga respondiendo a los cambios, fomentando la resiliencia y la adaptabilidad ante los retos.

Además, fomenta el hábito del reconocimiento intencionado por cada pequeño logro. Crea rituales de reconocimiento que celebren tus progresos, reforzando la conexión positiva entre esfuerzo y éxito. Este reconocimiento intencionado aumenta tu motivación y sensación de logro.

Plantilla de Plan de Acción: Combatir las Creencias Limitantes

Identifica las Creencias Limitantes

- Enumera las creencias que pueden estar limitando tu potencial u obstaculizando tu progreso.
- Reflexiona sobre dónde pueden haberse originado estas creencias, teniendo en cuenta la infancia, las influencias sociales y las experiencias pasadas.

Prevé el Impacto Negativo

- Visualiza las posibles consecuencias de aferrarse a estas creencias.

- Considera las oportunidades perdidas, el potencial frustrado y el crecimiento personal y profesional restringido.

Desarrolla Narrativas Positivas

- Elabora un nuevo conjunto de creencias empoderadoras que se alineen con tus objetivos y aspiraciones.
- Formula afirmaciones positivas que refuercen tu nuevo sistema de creencias.

Desglosa los Objetivos Más Grandes

- Transforma los objetivos más grandes en pasos más pequeños y factibles.
- Crea un plan estratégico que describa las acciones secuenciales necesarias para lograr cada hito.

Afirmaciones para Empoderarse y Crecer

En tu viaje para superar las creencias limitantes y fomentar el cambio positivo, la incorporación de afirmaciones puede ser una herramienta poderosa. Las afirmaciones son declaraciones positivas que, cuando se repiten con regularidad, ayudan a remodelar tu mentalidad y a reforzar una imagen constructiva de sí mismo. Si te centras en estas afirmaciones, podrás desarrollar la resiliencia mental necesaria para superar los retos, aceptar el cambio y cultivar una mentalidad que favorezca el crecimiento personal y la autonomía.

- Soy digno y merecedor del éxito. Evoluciono y crezco constantemente en mis capacidades.
- Mi edad es un testimonio de mis experiencias y sabiduría. Acepto el cambio y la flexibilidad en cada etapa de la vida.
- Mis sueños están a mi alcance y doy pasos cada día para convertirlos en realidad. Soy el arquitecto de mi destino.
- Confío en mi identidad única. Valoro mi opinión por encima de la de los demás y no me defino por juicios externos.
- El éxito es abundante y yo formo parte de esa abundancia. Atraigo el éxito alineando mis acciones con mis objetivos.
- Tengo el poder de cambiar mis circunstancias. Cada reto es una oportunidad de crecimiento y transformación.
- Mis talentos y habilidades únicos me distinguen. Desarrollo y perfecciono continuamente mis habilidades para alcanzar mi pleno potencial.

- Soy digno de amor y aceptación. Acepto mis imperfecciones, sabiendo que me hacen maravillosamente humano.

- Me enfrento a mis miedos con valentía y resiliencia. Cada reto que supero refuerza mi determinación y la confianza en mí mismo.

- Soy adaptable y estoy abierto al cambio. Doy la bienvenida a nuevas perspectivas y experiencias que contribuyan a mi crecimiento personal.

Al concluir nuestra exploración de las creencias limitantes y los prejuicios, recuerda que comprender y abordar estos aspectos es fundamental en el camino hacia la construcción de la autoestima y la confianza en uno mismo. Reconocer los patrones que te detienen es el primer paso hacia el crecimiento personal y empoderamiento. En el próximo capítulo, profundizaremos en estrategias prácticas para aumentar tu confianza, fomentar una imagen positiva de ti mismo y navegar por la vida con un nuevo sentido de seguridad. Prepárate para embarcarte en un viaje transformador hacia una mayor autoestima y confianza.

Capítulo 4
Autoestima: Deja de Menospreciarte

En un mundo en el que la duda sobre uno mismo y el síndrome del impostor son omnipresentes, es crucial reevaluar cómo nos percibimos a nosotros mismos. Las sorprendentes estadísticas revelan que un 85% de la población mundial lucha contra la baja autoestima. Además, una revisión sistemática realizada en 2020 sobre diversas profesiones, desde estudiantes de posgrado hasta profesionales médicos, reveló tasas de prevalencia del síndrome del impostor que oscilaban entre el 56% y el 82% (Bess, 2023). A medida que nos adentremos en el capítulo 4, iremos descubriendo las complejidades de la autoestima, ofreciendo estrategias para superar el monólogo interno negativo, fomentar la autocompasión y elevar tu sentimiento de autoestima.

Fomentar la Autocompasión

He aquí un hermoso relato de Ellis sobre cómo ha conseguido promover la autocompasión (Edmunds, 2020):

"En un encuentro reciente, una nueva amiga canceló inesperadamente nuestro encuentro por tercera vez. La oleada inicial de dolor, tristeza y decepción se apoderó de mí, señalando una oportunidad perfecta para emplear el mindfulness.

Sentada en mi cojín, sintonicé con mis emociones, reconociendo que mi niña interior estaba dolida: se sentía asustada, abandonada, desatendida y rechazada. En lugar de ceder a las distracciones, decidí abordar estos sentimientos de frente.

Profundizando en mi interior, descubrí a una niña vulnerable que necesitaba atención y cuidados. Tomando a esta niña en mis brazos, le susurré: "Te veo, te oigo, estoy aquí para ti", colocando una mano reconfortante sobre mi corazón. Con palabras de afirmación como "eres increíble, eres amada, eres encantadora" y respiraciones profundas, la niña se relajó gradualmente y se sintió nutrida.

Manteniendo esta intención compasiva, pregunté por las necesidades de la niña. Un tentempié y algunos estiramientos estaban en el menú. Mientras estaba de pie, me estiraba en mi pelota de yoga, respiraba profundamente y consumía algo nutritivo, una sensación de calma nos envolvió.

Cuando me sentí centrada, volví a tratar el tema con mi niña interior respecto a la nueva amiga. A pesar de la compasión de mi terapeuta, mi niña interior albergaba reservas, alegando una falta de confianza. Reflexionando sobre ello, opté por dar prioridad a la seguridad de mi niña interior y establecí un límite poniendo fin a la relación.

Esta decisión tenía como objetivo proteger y proveer a mi niña interior, y la rodeé de respeto y cuidado. Requirió que mi yo adulto se pusiera de pie, estableciera un límite y expresara mis sentimientos con honestidad al amigo. El resultado, aunque desafiante, reforzó mi compromiso con el bienestar de mi niña interior.

A lo largo de este evolutivo viaje, frases como "Me preocupo por cómo te sientes", "Te mantendré", "Te protegeré" y "Fomentaré tu crecimiento" se convirtieron en fundamentales para cultivar una relación de amor conmigo misma."

En los momentos de dolor, practicar el mindfulness y la autocompasión se convierte en algo primordial. Al abrazarnos, establecer límites sanos y comunicarnos con honestidad, allanamos el camino para una conexión más profunda con nuestro interior y con los demás. El viaje puede ser desordenado, pero con la práctica, se convierte en una exploración transformadora del amor propio y la autenticidad.

En la búsqueda del bienestar emocional, los conceptos de autocompasión y autoestima desempeñan papeles distintos pero interconectados. La autocompasión, un término popularizado por la psicóloga Kristin Neff (2003), implica tratarse a uno mismo con amabilidad, reconocer las experiencias humanas compartidas y evitar la autocrítica en momentos de fracaso o adversidad.

Es la capacidad de brindar comprensión y calidez a uno mismo, especialmente en momentos de lucha o insuficiencia.

Ejemplo: Imagina que cometes un error en el trabajo. En lugar de reprenderte, la autocompasión te anima a reconocerlo, comprender que las equivocaciones forman parte del ser humano y ofrecerte el mismo consuelo y apoyo que podrías ofrecer a un amigo en una situación similar.

Por otro lado, la autoestima implica evaluar el propio valor basándose en los logros, la validación externa y la comparación con los demás.

Ejemplo: Recibir elogios por un proyecto exitoso en el trabajo puede aumentar la autoestima, pero si los esfuerzos posteriores fallan, la autoestima puede tambalearse, ya que depende de factores externos.

La autocompasión bebe de fuentes internas, mientras que la autoestima suele depender de logros o aprobación externos. La autocompasión acepta el fracaso como una experiencia humana compartida, fomentando la resiliencia. La autoestima puede disminuir ante el fracaso o la crítica, ya que está estrechamente ligada al éxito.

Mientras que la autocompasión hace hincapié en la amabilidad durante los desafíos, la autoestima contribuye a una imagen positiva de uno mismo y a la confianza. Lograr un equilibrio entre ambas es esencial para un enfoque holístico de la autoestima.

Ejercicios Prácticos para Fomentar la Autocompasión en Tu Vida Diaria

Pausa de Autocompasión Consciente

Propósito: Desarrollar una rutina rápida para los momentos de estrés o autocrítica.

Pasos

- Haz una pausa y reconoce la dificultad a la que te enfrentas.
- Coloca una mano sobre el corazón o adopta un gesto reconfortante.
- Ofrécete palabras amables y tranquilizadoras, como "Esto es difícil en este momento, y estoy aquí para mí".

Carta a Ti Mismo

Propósito: Alimentar la autocompasión a través de la reflexión escrita.

Pasos

- Escríbete una carta como lo harías a un amigo cercano que se enfrenta a un reto.
- Expresa comprensión, apoyo y ánimo.

- Lee la carta con una mentalidad compasiva, reconociendo tus propias luchas.

Diario de Humanidad Común

Propósito: Reconocer las experiencias humanas compartidas en los desafíos personales.

Pasos

- Escribe un diario sobre una dificultad a la que te estés enfrentando actualmente.

- Reflexiona sobre la naturaleza universal de la lucha, comprendiendo que otros tienen experiencias similares.

- Conecta con la experiencia humana más amplia para fomentar la autocompasión.

Afirmaciones de Autocompasión

Propósito: Fomentar un diálogo interior positivo y de apoyo.

Pasos

- Identifica situaciones específicas en las que se necesite autocompasión.

- Crea afirmaciones personalizadas para contrarrestar los pensamientos autocríticos.

- Repite estas afirmaciones con regularidad, especialmente en los momentos difíciles.

Meditación de Amabilidad Hacia Uno Mismo

Propósito: Fomentar sentimientos de amor y bondad hacia uno mismo.

Pasos

- Busca un lugar tranquilo y siéntate cómodamente.

- Concéntrate en tu respiración y luego brinda sentimientos de amor y amabilidad hacia ti mismo.

- Repite frases como "Que sea feliz, que esté sano, que esté seguro, que esté a tranquilo".

Consejos para Incorporar los Ejercicios

- Practica estos ejercicios con regularidad para integrar la autocompasión en tu rutina diaria.

- Adapta los ejercicios a tus preferencias y nivel de comodidad.

- Tómate unos momentos después de cada ejercicio para reflexionar sobre tu experiencia y cualquier cambio en tu mentalidad.

Al realizar estos ejercicios prácticos, podrás alimentar activamente la autocompasión, fomentando una relación más resiliente y comprensiva contigo mismo.

Superar el Síndrome del Impostor

En una reciente entrevista concedida a NPR, Tom Hanks, el aclamado actor ganador de un Oscar, compartió con franqueza sus luchas con la autoduda. Reflexionando sobre su papel en "Un Holograma para el Rey", Hanks expresó un sentimiento con el que muchos pueden sentirse identificados: "No importa lo que hayamos hecho, llega un momento en el que piensas: *¿Cómo he llegado hasta aquí? ¿Cuándo van a descubrir que, de hecho, soy un fraude y me lo van a quitar todo?*".

Lady Gaga, la icónica sensación del pop, se sinceró sobre su continua batalla contra el síndrome del impostor en su especial de HBO. A pesar de su éxito mundial, admitió: "A veces sigo sintiéndome como una niña perdedora en la secundaria, y solo tengo que levantarme y decirme a mí misma que soy una superestrella cada mañana para poder superar el día y ser para mis fans lo que ellos necesitan que sea."

Matt Higgins, empresario y juez de "Shark Tank", se enfrentó a sentimientos de impostor en el set de la exitosa serie de ABC. Al compararse con los experimentados jueces Kevin O'Leary y Mark Cuban, Higgins se enfrentó a sus propias dudas, pensando: "No perteneces aquí; esto es una completa locura; eres un impostor" (Kajabi, 2020).

Estas anécdotas ponen de relieve que incluso los individuos más realizados, como Tom Hanks, Lady Gaga y Matt Higgins, luchan contra el síndrome del impostor. Sus historias sirven como poderosos recordatorios de que estos sentimientos son universales y pueden superarse con autoconciencia y resiliencia.

¿Has experimentado alguna vez una persistente sensación de insuficiencia, temiendo que tus logros sean más fruto de la casualidad que de tus capacidades? Si es así, puede que te hayas encontrado con el síndrome del impostor, un sutil adversario en el ámbito de la autoduda.

El síndrome del impostor se manifiesta como una voz interior que cuestiona la autenticidad de tus éxitos, atribuyéndolos a la suerte más que a tus habilidades o esfuerzos. Infunde un miedo perpetuo a quedar expuesto como un impostor, incluso cuando abundan las pruebas de competencia. El dicho común es: "¿Cómo he alcanzado este puesto? ¿Cuándo saldrá a la luz la verdad de que carezco de la competencia que se me atribuye?".

Tanto si se trata de un actor galardonado que duda del mérito de sus elogios, como de un artista en las listas de éxitos atormentado por sentimientos de insuficiencia en la secundaria o de un próspero empresario que se siente fuera de lugar entre los gigantes de la industria, el síndrome del impostor se nutre de fomentar las dudas sobre sí mismo y de alimentar las semillas de la inseguridad, floreciendo potencialmente en un sobrepensamiento omnipresente.

Identificar los Síntomas del Síndrome del Impostor Dentro de Uno Mismo: Un Ejercicio de Autorreflexión

- Enumera tus logros recientes, por pequeños o grandes que sean. Ahora, analiza tus sentimientos asociados a cada logro. ¿Atribuye el éxito a factores externos, a la suerte o a una auténtica competencia?

- Presta atención a tu diálogo interior, especialmente en los momentos de éxito o alabanza. ¿Hay frases recurrentes como "Simplemente tuve suerte" o "Cualquiera podría haberlo hecho"? Reconocer el lenguaje de la autoduda es clave.

- Reflexiona sobre tus interacciones con colegas, amigos o compañeros. ¿Sientes a menudo que los demás son más competentes o merecedores que tú? Reconocer un patrón de comparación constante es fundamental.

- Sopesa los momentos en los que alcanzaste el éxito o el reconocimiento. ¿Acompañó a estos momentos el miedo a quedar expuesto como insuficiente? Reconocer este miedo es un paso importante.

- Evalúa tu enfoque de las tareas. ¿Estás excesivamente preocupado por la perfección, estableciendo estándares inalcanzables y temiendo cualquier alteración de la impecabilidad?

Tómate tu tiempo con este ejercicio y sé amable contigo mismo. Comprender los matices de tus pensamientos es el primer paso para recuperar tu narrativa de las garras del síndrome del impostor.

Romper el Ciclo del Síndrome del Impostor

Ahora que has identificado los posibles síntomas del síndrome del impostor, exploremos las estrategias procesables para liberarte de su agarre. Recuerda que el cambio es un proceso gradual, así que sé paciente y compasivo contigo mismo mientras pones en práctica estas técnicas:

Celebra los logros: En lugar de restar importancia a tus éxitos, ¡celébralos! Lleva un diario para anotar tus logros y el esfuerzo que has invertido. Esto ayuda a reforzar una auto-narrativa positiva.

Afirmaciones positivas: Desarrolla un conjunto de afirmaciones positivas adaptadas para desafiar tus pensamientos de duda. Repítelas con regularidad para fomentar una mentalidad de autoempoderación.

Sé dueño de tu experiencia: Interioriza el hecho de que te mereces estar dónde estás. Reconoce tus habilidades, conocimientos y perspectiva única. Recuérdate que tus logros son el resultado de tu competencia.

Acepta la imperfección: Reconoce que la perfección es un estándar poco realista. Acepta las imperfecciones de tu trabajo como oportunidades de crecimiento. Comprende que todo el mundo comete errores y que eso no disminuye tu valor.

Busca opiniones: En lugar de temer la evaluación, busca activamente comentarios constructivos. Utilízala como herramienta de mejora y como testimonio de tu compromiso con el desarrollo personal y profesional.

Tutoría y apoyo: Ponte en contacto con mentores o compañeros que puedan ofrecerte orientación y compartir sus experiencias. Saber que otros se han enfrentado a retos similares y han prosperado puede ser tranquilizador.

Desafía los pensamientos negativos: Siempre que te asalten las dudas, enfrenta conscientemente esos pensamientos. Pregúntate: "¿Está basado en pruebas o es una manifestación del síndrome del impostor?". Redirige tu atención hacia los aspectos positivos.

Eleva Tu Autoestima

Las perspicaces palabras de Christian D. Larson sentaron las bases para nuestra exploración del profundo impacto que una alta autoestima puede tener en la trayectoria personal y profesional de cada uno. Dijo: "Cree en ti mismo y en todo lo que eres. Comprende que hay algo dentro de ti que es más grande que cualquier obstáculo" (AZ Quotes, s.f.).

He aquí algunos métodos de eficacia probada para ayudarte a aumentar tu autoestima.

Evita el Diálogo Interno Negativo: Adopta Afirmaciones Positivas

El diálogo interno negativo puede ser un saboteador implacable que mina tu confianza y autoestima. Contrarresta este crítico interno con afirmaciones positivas. Fomenta el hábito de reconocer tus logros y fortalezas. Reemplaza los pensamientos autocríticos por frases empoderadoras. Por ejemplo, en lugar de decir: "No puedo hacer esto", afirme: "Soy capaz y resiliente".

Deja de Compararte Con los Demás: Concéntrate en Tu Trayectoria

Medir constantemente tu valor en comparación con los demás puede provocar sentimientos de insuficiencia. Recuerda que cada persona tiene un camino único. En lugar de comparar, celebra tus progresos. Establece puntos de referencia individuales y aprecia las cualidades distintivas que definen tu viaje. Acepta la idea de que el éxito es subjetivo y personal.

Acepta Tus Defectos: Convierte las Imperfecciones en Fortalezas

Los defectos son una parte natural del ser humano. En lugar de verlos como debilidades, considéralos atributos únicos que contribuyen a tu individualidad. La aceptación no significa exceso de confianza; se trata de comprender y aprovechar tus imperfecciones. Acéptalas como oportunidades de crecimiento y autodescubrimiento.

Fija Objetivos Manejables: Fomenta el Sentido del Logro

Establecer objetivos realistas y alcanzables proporciona una hoja de ruta hacia el éxito. Divide los objetivos más grandes en tareas más pequeñas y manejables. Celebra cada logro, por pequeño que sea, para inducir un sentimiento de logro. Esto no solo reafirma tu autoestima, sino que también te impulsa a avanzar con ímpetu positivo.

Practica el Autocuidado: Nutre Tu Cuerpo y Mente

El autocuidado es una piedra angular en la construcción de la autoestima. Da prioridad a las actividades que nutran tu bienestar, tanto mental como físico. Ya sea haciendo ejercicio habitualmente, durmiendo bien, practicando aficiones o buscando momentos de relajación, invertir en el autocuidado fomenta una imagen positiva de sí mismo. Recuerda, cuidarse no es egoísta; es un requisito previo para una vida plena.

Cómo Aumentar Tu Autoestima: Un Plan de Acción Personalizado

Crear un plan de acción personalizado es un paso fundamental para mejorar tu autoestima. Adapta esta lista de verificación a tus preferencias y necesidades, garantizando la practicidad y un progreso sostenible.

Afirmaciones que resuenen: Elabora afirmaciones positivas que se alineen con tus objetivos y valores. Utilízalas a diario para remodelar tu diálogo interno.

Define tu viaje: Reflexiona sobre tu trayectoria única, identificando los hitos personales. Celebra estos logros, fomentando un sentimiento de progreso individual.

Acepta las Imperfecciones: Enumera tus defectos percibidos y replantéalos como fortalezas. Identifica cómo contribuye cada imperfección a tu carácter.

Desglosa los objetivos: Esboza objetivos alcanzables a corto plazo. Aplaude las pequeñas victorias para infundir una sensación de logro y alimentar nuevos progresos.

Prioriza el autocuidado: Identifica prácticas de autocuidado que resuenen contigo. Comprométete a incorporarlas en tu rutina para nutrir tanto tu mente como cuerpo.

Comparación consciente: Detente en momentos de comparación. Redirige tu atención hacia tu propio viaje, apreciando tus singulares cualidades.

Enfrenta los pensamientos negativos: Lleva un diario de pensamientos negativos y contrarresta cada uno con una alternativa positiva y empoderadora.

Establece límites: Establece límites que protejan tu bienestar. Comunícate asertivamente cuando sea necesario, salvaguardando tu espacio emocional.

Celebra los logros: Crea un sistema para reconocer y celebrar tus logros habitualmente. Esto refuerza una autopercepción positiva.

Reflexión continua: Revisa y ajusta regularmente tu plan de acción. Reflexiona sobre tus progresos, introduciendo mejoras para adaptarlo a la evolución de tus necesidades.

Este plan de acción personalizado es una herramienta dinámica. Selecciona las estrategias que resuenen contigo, intégralas en tu vida diaria y sé testigo del impacto transformador en tu autoestima.

Cambiar el Tono del Monólogo Interno Negativo

El monólogo negativo es el diálogo interno que refuerza las dudas sobre uno mismo, infunde miedo y mina la confianza. Reconocer y cambiar este patrón es un paso esencial para cultivar una mentalidad más positiva y empoderadora. He aquí algunas técnicas que te ayudarán a identificar y transformar el monólogo interno negativo:

Conciencia Plena

Comienza por observar tus pensamientos de forma consciente. El monólogo interno negativo suele funcionar con el piloto automático, por lo que aumentar la conciencia es el primer paso. Haz una pausa y observa tus pensamientos sin juzgarlos. ¿Son empoderadores o autolimitantes? Reconócelos sin apego.

Lleva un Diario de Pensamientos

Registrar el monólogo interno proporciona claridad sobre los patrones recurrentes y los desencadenantes. Lleva un pequeño cuaderno o utiliza una aplicación digital. Cuando surjan pensamientos negativos, anótalos. Incluye la situación, las emociones y cualquier creencia subyacente.

Identifica los Pensamientos Distorsionados

El monólogo interno negativo suele implicar distorsiones cognitivas: pensamientos irracionales o sesgados. Reconoce las distorsiones cognitivas más comunes (por ejemplo, el pensamiento en blanco y negro, la catastrofización). Detalla estas distorsiones en tus propios pensamientos.

Hacer Frente y Replantear

Cuestiona activamente la validez de los pensamientos negativos y reemplázalos por alternativas más equilibradas o positivas. Cuando surja un pensamiento negativo, pregúntate: "¿Se basa este pensamiento en hechos? ¿Qué pruebas lo apoyan o lo contradicen?". Reformula el pensamiento con una perspectiva más constructiva.

Afirmaciones

Las afirmaciones son declaraciones positivas que contrarrestan las creencias negativas. Crea afirmaciones personalizadas que resuenen contigo. Repítelas con regularidad, especialmente en momentos de autoduda.

Exterioriza la Voz

Visualiza el monólogo interno negativo como una entidad separada y no como un reflejo fiel de ti mismo. Da a esta voz un carácter o personaje. Cuando surjan pensamientos negativos, reconócelos como la voz de esta entidad separada, lo que te facilitará distanciarte.

Practica la Gratitud

La práctica de la gratitud es una herramienta poderosa que transforma tu forma de percibir el mundo e interactuar con él. Al reconocer y apreciar conscientemente los aspectos positivos de tu vida, redirige tu atención de lo que te falta a lo que te sobra. La práctica de la gratitud implica un cambio fundamental de mentalidad. En lugar de fijarte en lo que te falta, te anima a reconocer y apreciar la abundancia que ya existe en tu vida.

Reencuadra el Monólogo Interno Negativo: Un Enfoque Compasivo del Cambio

El monólogo interno negativo puede ser dominante, pero la buena noticia es que tienes el poder de reformular estos pensamientos en un lenguaje más compasivo y constructivo. Aquí tienes ejemplos y ejercicios que te guiarán en este proceso transformador:

"Soy un fracaso".

Pensamiento reformulado: "Me enfrenté a un reto y estoy aprendiendo de él".

Ejercicio: Enumere tres retos recientes a los que te hayas enfrentado. Para cada uno, identifica una lección o habilidad que hayas obtenido de la experiencia.

"Nunca tendré éxito; siempre lo arruino".

Pensamiento reformulado: "El éxito requiere tiempo y esfuerzo; estoy progresando".

Ejercicio: Recuerda un éxito pasado, por pequeño que sea. Escribe los pasos que diste para lograrlo y reconoce tu esfuerzo.

"No soy lo suficientemente bueno para esta oportunidad".

Pensamiento reformulado: "Tengo cualidades únicas que me hacen merecedor de esta oportunidad".

Ejercicio: Enumera tres puntos fuertes o habilidades que poseas y que estén en consonancia con la oportunidad. Reconoce cómo estos atributos contribuyen a tu idoneidad.

"No puedo con esto; es demasiado para mí".

Pensamiento reformulado: "Puedo tomar las cosas paso a paso y pedir apoyo cuando sea necesario".

Ejercicio: Divide una situación desafiante en tareas más pequeñas y manejables. Concéntrate en completar una tarea cada vez y en reconocer tus progresos.

"No le gusto a nadie; no soy interesante".

Pensamiento reformulado: "Aporto cualidades únicas a mis interacciones y soy digno de conexión".

Ejercicio: Detalla tres cualidades personales o intereses que te resulten atractivos. Considera cómo contribuyen estos aspectos a tu singularidad.

"Siempre me comparo con los demás y no estoy en el mismo nivel".

Pensamiento reformulado: "Estoy en mi viaje único y celebro mi progreso".

Ejercicio: Medita sobre un logro fruto de tu esfuerzo personal. Evita compararlo con los demás y céntrate en tu crecimiento.

"Nunca superaré mis retos".

Pensamiento reformulado: "Cada reto es una oportunidad de crecimiento y puedo superar los obstáculos".

Ejercicio: Enumera tres retos que hayas afrontado y superado en el pasado. Admite la capacidad de recuperación y las habilidades que demostraste.

El camino hacia la autocompasión y el monólogo positivo con uno mismo es continuo. Sé paciente contigo mismo mientras practicas el replanteamiento de los pensamientos negativos. Cada pequeño cambio de perspectiva contribuye a una mentalidad más compasiva y constructiva.

Para terminar, hemos explorado los aspectos necesarios para cultivar un fuerte sentido del yo: abordar el monólogo negativo, fomentar la autocompasión y encarar el síndrome del impostor. Sin embargo, el camino hacia una sólida autoestima frecuentemente se cruza con las heridas del pasado. Nuestras experiencias nos moldean, y comprender estas influencias es clave para liberar todo nuestro potencial.

Al pasar al siguiente capítulo, ahondaremos en el profundo impacto de las experiencias pasadas en nuestra mentalidad actual. Desenterrar estas influencias y enfrentarse a las creencias limitantes es la puerta de entrada a un profundo crecimiento personal. Únete a nosotros mientras nos aventuramos en un viaje a través de los complejos paisajes de nuestras historias, descubriendo las claves para desbloquear una versión más resiliente y empoderada de nosotros mismos.

Capítulo 5
Heridas Sin Cicatrizar: El Papel del Trauma en el Sobrepensamiento

Imagina que llevas una mochila cargada de pesadas piedras, cada una de las cuales representa un fragmento de tu pasado. El peso es agobiante, te arrastra mientras recorres el terreno de tu vida. Esta metáfora refleja el impacto de un trauma no resuelto, una carga invisible que influye en cada paso que das y en cada pensamiento que ocupa tu mente. Acompáñanos mientras descubrimos los hilos que conectan los traumas del pasado con los pensamientos excesivos del presente y, lo que es más importante, descubrimos el camino para aliviarnos y aceptar la sanación.

Comprender el Trauma y Sus Diversas Formas

Permíteme compartir contigo la historia de Steven R., que navegó con valentía por las secuelas de un trauma que alteró su vida. Tras un accidente devastador, Steven se encontró en una realidad desconcertante, lidiando con un mundo desconocido entre las paredes de un hospital.

Durante las primeras semanas, su experiencia parecía un borrón desorientador: estancias en la UCI, medicamentos y una cascada de visitas. El trauma no era solo físico; era una vorágine mental y emocional que le envolvía. Las alucinaciones, las conversaciones fragmentadas y el constante va y ven entre la lucidez y la confusión pintaron un cuadro desgarrador.

El hospital se convirtió en un paisaje de dolor e incertidumbre. Los vívidos recuerdos de una vida antaño repleta de actividades al aire libre y deportes chocaban ahora con la cruda realidad de que todo había cambiado irrevocablemente. La existencia de Steven se convirtió en un delicado equilibrio de funciones corporales reguladas por intervenciones médicas.

En medio de los desafíos, las enfermeras del turno de noche surgieron como héroes anónimos. Su empatía y voluntad de prestar oídos proporcionaron consuelo durante las horas más oscuras. El aislamiento de las reflexiones nocturnas desveló el profundo impacto que el trauma puede tener en el estado mental de una persona.

Para Steven, hablar se convirtió en un salvavidas. Cada palabra pronunciada era un paso para salir del aislamiento de sus pensamientos. Las enfermeras, oyentes compasivas y conversadoras ocasionales se convirtieron en compañeras inestimables durante esas largas noches. Se convirtieron en una fuente de comprensión, un vínculo con la cordura en un mundo que se había puesto de cabeza (Services, s.f.).

Este conmovedor relato del viaje de Steven sienta las bases para nuestra exploración del trauma: su naturaleza polifacética y la profunda influencia que puede ejercer en la mente y el alma. A través de su experiencia, profundizaremos en las complejidades del trauma, descubriremos sus diversas formas y, finalmente, comprenderemos cómo se entrelaza con el dominante laberinto del sobrepensamiento.

Estudiar los Distintos Tipos de Trauma

El trauma, como una mancha de tinta indeleble en la tela de nuestras vidas, se presenta en diferentes maneras, cada una de las cuales deja una marca distintiva en nuestro paisaje mental. Emprendamos el viaje para comprender estos tipos de trauma y desenredar los hilos que los conectan con el intrincado tapiz del sobrepensamiento.

Trauma Físico

Imagínate un cuerpo golpeado por un accidente: una sacudida repentina al yo físico que resuena por los pasillos de la mente. El trauma físico no solo inflige heridas en el cuerpo, sino que también envía ondas de choque a través de la psique. El constante dolor, las capacidades alteradas y el marcado contraste con el yo anterior al trauma se convierten en el medio propicio para los pensamientos invasivos y el sobreanálisis.

Trauma Emocional

Muchas veces oculto en las sombras de la mente, el trauma emocional se infiltra sigilosamente en nuestro santuario interior. Pueden ser las cicatrices causadas por abusos, traiciones o pérdidas profundas. Los ecos de esas heridas emocionales resuenan en nuestros pensamientos, generando un constante miedo a que se repitan, desconfianza o una agobiante sensación de vulnerabilidad.

Trauma Psicológico

El campo de batalla de la mente puede ser tan traicionero como cualquier escenario físico. El trauma psicológico, derivado de experiencias como ser testigo de violencia o soportar un suceso angustioso, se aloja en lo más profundo de los recovecos de la cognición. La mente, en su intento de dar sentido al caos, a menudo entra en una espiral de pensamientos excesivos, repetición de escenarios y búsqueda de patrones que pueden no existir.

Trauma Relacional

Nuestras conexiones con los demás pueden ser una fuente de fortaleza o un escenario de vulnerabilidad. El trauma relacional, derivado de la ruptura de vínculos, el abandono o las relaciones tóxicas, proyecta una gran sombra sobre nuestros pensamientos. Fomenta la hipervigilancia, un análisis constante de las interacciones y el miedo a que nos vuelvan a hacer daño.

Trauma Colectivo o Cultural

Las heridas colectivas que soportan las comunidades o las culturas, ya sea por guerras, injusticias sociales o catástrofes naturales, se filtran en la psique individual. La magnitud del trauma colectivo puede amplificar el sobrepensamiento cuando los individuos lidian con cuestiones de identidad, seguridad y sentido de pertenencia.

Más Allá de la "Gran T" y la "Pequeña t"

El trauma, como una gema multifacética, se revela en varios matices, desde los más evidentes a los más sutiles. Para comprender mejor este espectro, exploremos los conceptos de "Gran T" y "Pequeña t" en el ámbito del trauma, reconociendo que no todas las heridas se graban a través de acontecimientos cataclísmicos.

Trauma de la "Gran T"

Tradicionalmente, el trauma de la "Gran T" se refiere a los acontecimientos significativos que alteran la vida y sacuden los pilares de nuestra existencia. Pueden ser catástrofes naturales, accidentes, violencia o combates. Las cicatrices que dejan los traumas de la "Gran T" suelen ser llamativas y exigen atención y cuidados. Sin embargo, es esencial reconocer que el trauma no está limitado a estos sucesos monumentales.

Trauma de la "Pequeña t"

A la sombra del trauma de la "Gran T" existe el reino del trauma de la "Pequeña t", caracterizado por experiencias menos manifiestas pero impactantes. Éstas pueden ser constantes y sutiles, acumulándose con el tiempo como granos de arena que dan forma a una duna. Los traumas "Pequeña t" pueden incluir negligencia emocional, estrés crónico, microagresiones o exposición prolongada a entornos tóxicos. Aunque individualmente puedan parecer intrascendentes, su peso colectivo puede ser profundo (The Trauma Practice, s.f.).

Es esencial aceptar que el impacto del trauma es subjetivo y varía de una persona a otra. Lo que puede constituir un trauma "Gran T" para un individuo puede ser una serie de traumas "Pequeñas T" para otro. La clave reside en reconocer el significado personal de estas experiencias y comprender que la sanación es válida, independientemente de la magnitud del trauma.

Además, el efecto acumulativo de los traumas "Pequeña t" puede moldear los patrones de pensamiento, contribuyendo a la compleja red del sobrepensamiento. El estrés persistente, la hipervigilancia y las percepciones alteradas pueden arraigarse en nuestros procesos cognitivos, influyendo en cómo nos desenvolvemos en el mundo.

La Danza del Trauma Con el Sobrepensamiento

¿Alguna vez tu mente quedó atrapada en un bucle sin fin, reproduciendo acontecimientos, analizando detalles y conjurando escenarios que parecen no tener salida? Si es así, puede que estés íntimamente familiarizado con la intrincada danza entre el trauma y el pensamiento excesivo.

El trauma, ya sea "Gran T" o "Pequeña t", no se desvanece simplemente una vez que el acontecimiento concluye. Resuena en nuestra psique, dejando huellas que se extienden mucho más allá del momento del impacto. Es como si el trauma recableara los circuitos de nuestros procesos de pensamiento, moldeando la forma en que nos percibimos a nosotros mismos, a los demás y al mundo que nos rodea.

Sobrepensar, en el contexto de un trauma, surge frecuentemente como un mecanismo de afrontamiento: una forma de que la mente lidie con lo incomprensible y dé sentido a lo absurdo. Los pensamientos repetitivos, el incesante análisis, los "y si..." que invaden tu mente, son los zarcillos que tratan de aferrarse a una apariencia de control sobre el caos que ha dejado el trauma.

Para muchos, pensar demasiado se convierte en una respuesta habitual al estrés, una forma de anticiparse y prepararse para posibles amenazas. Es un mecanismo de supervivencia que se tuerce: un escudo protector que se transforma en una red de confinamiento. Esta compleja danza mental, aunque al principio ofrece una sensación de control, acaba convirtiéndose en una prisión autoimpuesta.

Comprender esta interacción es el primer paso para liberar tu mente de la telaraña de pensamientos excesivos tejida por el trauma. Al embarcarnos en esta exploración, recuerda que desenredar los hilos lleva tiempo y paciencia.

Cuestionario de Autorreflexión Sobre el Trauma

Dedicar tiempo a reflexionar sobre tus experiencias pasadas puede ser un paso importante para comprender los ecos del trauma en tu vida. A continuación, encontrarás diez preguntas diseñadas para guiarte suavemente en este viaje de autodescubrimiento. Recuerda, ve a tu propio ritmo y permítete el espacio necesario para explorar estas reflexiones con compasión.

- ¿Puedes identificar algún acontecimiento o situación concretos de tu pasado que te hayan resultado agobiantes o angustiantes?

- ¿Cómo te sientes al recordar estos acontecimientos? ¿Hay emociones que persisten, resurgiendo inesperadamente?

- ¿Notas algún patrón en tus procesos de pensamiento, comportamientos o relaciones que pueda estar relacionado con estas experiencias pasadas?

- ¿Hay ciertas situaciones, palabras o imágenes que desencadenen fuertes reacciones emocionales o ansiedad?

- ¿Cómo te ves a ti mismo tras estas experiencias? ¿Se ha visto afectada la imagen que tienes de ti mismo?

- ¿Han influido tus experiencias pasadas en la forma de abordar y entablar relaciones con los demás?

- ¿Qué estrategias utilizas para afrontar el estrés o las situaciones difíciles?

- ¿Cómo describirías la calidad de tu sueño y bienestar general? ¿Hay problemas persistentes?

- Cuando te enfrentas a dificultades, ¿cómo sueles responderte? ¿Es la autocompasión una parte natural de tu monólogo interior?

- ¿Notas algún patrón en el modo en que tus experiencias pasadas afectan a tu capacidad para establecer y perseguir objetivos a largo plazo?

Cuando te plantees estas preguntas, ten en cuenta que reconocer y comprender el impacto de traumas pasados es un paso valiente hacia la sanación. Si alguna pregunta te provoca emociones fuertes, considera la posibilidad de comentar tus reflexiones con un profesional de la salud mental o con un sistema de apoyo de confianza.

Buen Afrontamiento VS Mal Afrontamiento

Piensa en Cady, una joven profesional que atraviesa las complejidades tanto de su carrera como de su vida personal. Abrumada por las crecientes presiones, encontró consuelo, o eso creía, en el fondo de una botella. El intento inicial de Cady de sobrellevar el estrés con tragos ocasionales escaló hasta convertirse en una dependencia problemática del alcohol, convirtiéndose en un mecanismo de afrontamiento perjudicial que solo intensificó sus desafíos.

La experiencia de Cady no es única. Enfatiza un patrón común en el que las personas que se enfrentan a las exigencias de la vida pueden, sin saberlo, recurrir a hábitos poco saludables como el abuso de sustancias, la negación o la evasión en su intento de controlar el estrés.

Estrategias de Afrontamiento Saludables

He aquí algunas estrategias de afrontamiento saludables para lidiar con el trauma.

Escritura Expresiva

La escritura expresiva, una técnica terapéutica profunda, sirve de vía catártica para que las personas viertan sobre el papel los complejos contenidos de su mente. Este proceso trasciende el mero acto de anotar palabras; se convierte en un medio dinámico de procesar emociones, desentrañar complejidades y buscar la inalcanzable claridad que a menudo oscurecen las tormentas interiores.

En el ámbito de la sanación de traumas y pensamientos excesivos, la escritura expresiva proporciona un espacio sagrado donde lo no dicho encuentra su voz. Es un lienzo donde las emociones crudas, los miedos persistentes y las verdades no dichas pueden ser articuladas sin ser juzgadas. El mero acto de traducir estos susurros internos en palabras escritas es transformador, similar a liberar una pesada carga transportada por los pasillos de la mente.

Mindfulness y Meditación

En su esencia, el mindfulness es el arte de la presencia: una conciencia intencionada y sin prejuicios del momento actual. Te invita a comprometerte plenamente con tus pensamientos, emociones y entorno sin detenerse en los ecos del pasado ni en las incertidumbres del futuro. Al practicar el mindfulness, se aprende a observar las fluctuaciones de los pensamientos como nubes que pasan, reconociéndolos sin enredarse.

La práctica suele comenzar con una simple pero profunda concentración en la respiración. A medida que la atención converge en las rítmicas inhalaciones y exhalaciones, la mente se desahoga gradualmente del peso de los pensamientos excesivos. El mindfulness guía suavemente a las personas lejos del incesante parloteo de la mente, creando un espacio en el que pueden desarrollarse la calma y la claridad.

Ejercicio Físico

La relación simbiótica entre el ejercicio físico y el bienestar mental está bien documentada. Cuando realizas una actividad física regular, tu cuerpo libera endorfinas, a menudo denominadas los elevadores naturales del estado de ánimo del organismo. Estas endorfinas actúan como neurotransmisores, transmitiendo señales al cerebro que dan lugar a sentimientos de felicidad y a una menor percepción del dolor.

El ejercicio físico se convierte en un refugio para la reducción del estrés. Al realizar actividades que elevan el ritmo cardíaco, las hormonas del estrés, como el cortisol, disminuyen. A la vez, el aumento de endorfinas actúa como un calmante natural del estrés, creando un equilibrio armonioso en la respuesta fisiológica de tu cuerpo.

La belleza del ejercicio físico reside en su versatilidad. Ya sea una rutina de ejercicios estructurada, una clase de baile o un simple paseo por la naturaleza, la clave está en la constancia. Encuentra actividades que resuenen contigo e incorpóralas gradualmente a la trama de tu vida diaria. Las recompensas van mucho más allá de lo físico: se convierten en una piedra angular de la resiliencia mental y el bienestar emocional.

Apoyo Social

Muchas veces sobrepensar encuentra consuelo en el aislamiento, perpetuando un ciclo de pensamientos interiorizados. El apoyo social, sin embargo, sirve como válvula de escape para las emociones reprimidas. Cuando te abres a personas de confianza, expresando tus miedos, dudas o alegrías, se convierte en una experiencia catártica.

Verbalizar tus pensamientos te permite exteriorizarlos, reduciendo su intensidad y ofreciéndote una nueva perspectiva.

En momentos de vulnerabilidad, la empatía de los demás se convierte en un bálsamo tranquilizador. Saber que no estás solo en tus luchas fomenta un sentimiento de pertenencia. Ya sea la comprensión compartida de un amigo que ha recorrido un camino similar o el inquebrantable apoyo de la familia, estas conexiones proporcionan una resistente ancla en los mares impredecibles de la vida.

Fomentar el apoyo social implica esfuerzos intencionados para construir y alimentar las conexiones. Requiere apertura tanto para dar como para recibir, creando un flujo recíproco de apoyo dentro de tus círculos sociales. En tiempos de desafío, no dudes en tender la mano y, del mismo modo, está atento a las necesidades de quienes te rodean.

Resolución de Problemas

Una de las principales virtudes de la resolución de problemas es su capacidad para restaurar la sensación de control. Sobrepensar suele prosperar en el reino de la impotencia percibida, donde los desafíos se perfilan más grandes que la vida. Al dividir los problemas en componentes manejables y formular pasos procesables, la resolución de problemas se convierte en un faro de empoderamiento, que nos permite recuperar la capacidad de actuar sobre nuestras circunstancias.

La resolución eficaz de problemas sigue un proceso sistemático. Comienza por identificar y definir el problema en cuestión, aportando claridad a las a menudo turbias aguas de la confusión. Posteriormente, implica generar soluciones potenciales, evaluar su viabilidad y seleccionar el curso de acción más adecuado. Por último, la fase de implementación pone en marcha los planes, marcando el viaje transformador del desafío a la resolución.

Estrategias de Afrontamiento Poco Saludables

En el laberinto de la vida, muchas veces los individuos se enfrentan a retos que pueden resultar agobiantes, lo que lleva a algunos a buscar consuelo en estrategias de afrontamiento. Sin embargo, no todos los caminos ofrecen una salida; algunos, de hecho, conducen a trampas más profundas.

Abuso de Sustancias

El abuso de sustancias surge como un espejismo, prometiendo un alivio temporal de los tumultuosos mares de la angustia emocional. Ya se trate del alcohol, las drogas u otras sustancias, el encanto reside en su capacidad para atenuar momentáneamente los afilados bordes del dolor y la ansiedad. Sin embargo, como un espejismo que se desvanece al observarlo más de cerca, el consuelo es pasajero, dejando a los individuos atrapados en un ciclo de dependencia.

Uno de los mayores peligros del abuso de sustancias es su potencial para cultivar la dependencia. Lo que inicialmente parece un mecanismo de supervivencia puede transformarse rápidamente en grilletes, atando a los individuos a una dependencia de sustancias externas para el equilibrio emocional. Esta dependencia no solo agrava los problemas de salud mental existentes, sino que también crea nuevos retos en forma de adicción.

Evasión

Elegir la evasión como mecanismo de afrontamiento suele proporcionar una sensación momentánea de alivio. Al desviar la atención de los problemas, los individuos pueden experimentar un breve alivio del estrés y el malestar asociados a enfrentarse a situaciones difíciles. Sin embargo, este alivio se asemeja a una calma superficial que oculta las turbulencias que continúan agitándose por debajo.

Aunque la evasión pueda parecer una salida cómoda, no erradica las causas profundas de los problemas. Por el contrario, permite que estas cuestiones permanezcan bajo la superficie como una corriente subterránea a la espera de resurgir. Los retos sin resolver pueden acumularse, intensificándose con el tiempo y manifestándose de formas inesperadas, demostrando finalmente que la evasión solo retrasa, en lugar de prevenir, el ajuste de cuentas.

Aislamiento

El aislamiento afecta a la salud mental, ensombreciendo el vibrante paisaje de la resiliencia emocional. El silencio resonante de la soledad puede intensificar los sentimientos existentes de tristeza, ansiedad y estrés. Con el tiempo, la soledad inducida por el aislamiento se convierte en una compañera inoportuna, contribuyendo a una sensación de aislamiento y desapego del mundo.

Reconocer los peligros potenciales del aislamiento es el primer paso para liberarse de sus garras. Aunque la soledad puede ofrecer momentos de reflexión, la ausencia continuada de conexiones sociales puede generar una profunda sensación de vacío. Buscar y alimentar activamente las relaciones sociales —ya sea con amigos, familiares o comunidades— se convierte en un antídoto esencial contra los efectos aislantes de la reclusión autoimpuesta.

Supresión

La supresión atrae con la ilusión del silencio emocional, una apariencia de control sobre la impredecible marea de sentimientos. Puede parecer un escudo contra la vulnerabilidad que acompaña a la expresión emocional. La engañosa calma promete un alivio del caos potencial que supone enfrentarse a los pensamientos y sentimientos más íntimos.

Suprimir las emociones no las hace desaparecer, sino que las relega a las profundidades, donde se acumulan como nubes oscuras en el horizonte. El acto de enterrar los sentimientos sin abordarlos crea un ambiente propicio para el estrés, una acumulación silenciosa que, con el tiempo, puede contribuir al deterioro de la salud mental.

Escapismo

El escapismo, en sus diversas formas, ofrece una atractiva promesa de alivio temporal de las complejidades y exigencias de la vida cotidiana. Atrae con el encanto de mundos inmersivos y argumentos cautivadores, proporcionando un santuario efímero en el que las cargas de la realidad se desvanecen momentáneamente en un segundo plano. Ya sea a través de los píxeles de una pantalla o de las páginas de una novela, los individuos encuentran consuelo en el breve intermedio de los retos de la vida.

Sin embargo, el solaz que ofrece el escapismo no es más que un espejismo, una ilusión de resolución que se disuelve al volver al mundo real. Aunque las experiencias de inmersión pueden proporcionar un bienvenido descanso, no abordan las causas profundas del estrés, la ansiedad o el malestar. En su lugar, ofrecen una diversión, un alivio temporal que pospone la inevitable confrontación con las complejidades de la vida.

Comprender las diferencias fundamentales entre estas estrategias de afrontamiento te capacita para tomar decisiones conscientes que apoyen tu bienestar mental y emocional. Ya sea construyendo una sólida red de apoyo, practicando el mindfulness o buscando ayuda profesional, adoptar mecanismos saludables es un paso poderoso hacia la resiliencia y la salud mental a largo plazo.

Analiza Tus Mecanismos de Afrontamiento: Una Hoja de Trabajo para la Autorreflexión

Comprender cómo afrontas los retos de la vida es un aspecto crucial para fomentar la resiliencia y el bienestar. Esta hoja de trabajo está diseñada para ayudarte a identificar tus mecanismos de afrontamiento y evaluar su impacto en tu salud mental y emocional. Tómate un momento para meditar sobre tus estrategias de afrontamiento y considera su eficacia para fomentar el bienestar general.

Sección 1: Identificación de los Mecanismos de Afrontamiento

Enumera tus estrategias de afrontamiento a las que recurres: Anota los métodos a los que sueles recurrir cuando te enfrentas al estrés, a retos o a emociones difíciles. Pueden ser enfoques tanto positivos como negativos.

Ejemplo: Hacer ejercicio, llevar un diario, hablar con un amigo, ver la televisión, evitar el problema.

Clasifica tus mecanismos de afrontamiento: Agrupa tus estrategias identificadas en categorías "saludables" y "no saludables" basándote en la explicación anterior.

Ejemplo: Saludable: hacer ejercicio, llevar un diario, hablar con un amigo. No saludables: evitar el problema, ver la televisión en exceso.

Sección 2: Evaluar la Eficacia

Reflexiona sobre los resultados positivos: Considera los casos en los que tus mecanismos de afrontamiento dieron lugar a resultados positivos. ¿Cómo contribuyeron a tu bienestar?

Ejemplo: Escribir un diario me ayudó a ganar claridad sobre mis pensamientos y sentimientos.

Reconoce las consecuencias negativas: Reflexiona sobre los momentos en los que tus mecanismos de afrontamiento pueden haber tenido consecuencias negativas. ¿Incrementaron el problema o afectaron a tu salud mental?

Ejemplo: Evitar el problema provocó un aumento del estrés y de las emociones no resueltas.

Valora la eficacia: En una escala del 1 al 10, valora la eficacia global de cada mecanismo de afrontamiento para apoyar tu salud mental y emocional.

Ejemplo: Ejercicio (8), Evasión (3).

Sección 3: Explorar Alternativas

Identifica alternativas más saludables: Piensa en estrategias de afrontamiento alternativas que se alineen a tus objetivos de bienestar.

Ejemplo: En lugar de evadir, podrías intentar abordar el problema directamente o buscar apoyo profesional.

Comprométete a realizar cambios positivos: Selecciona uno o dos mecanismos de afrontamiento más saludables que te gustaría incorporar a tu rutina. Esboza pasos específicos para integrar estos cambios.

Ejemplo: Comprométete a abordar los problemas directamente iniciando conversaciones abiertas y buscando apoyo cuando sea necesario.

Esta hoja de trabajo de autorreflexión es una herramienta para guiarte en tu viaje hacia el autodescubrimiento y la mejora del bienestar. Al comprender y elegir conscientemente tus mecanismos de afrontamiento, te faculta para superar los retos de la vida con resiliencia y una salud mental positiva.

Métodos Informados por el Trauma para Detener El Sobrepensamiento

Cuando el pensamiento excesivo se enreda con los efectos persistentes del trauma, adoptar métodos informados por el trauma puede allanar el camino hacia la sanación y el restablecimiento del bienestar mental. He aquí dos poderosas técnicas que vale la pena explorar:

Desensibilización y Reprocesamiento por Movimientos Oculares

La Desensibilización y Reprocesamiento por Movimientos Oculares (EMDR, por sus siglas en inglés) es una forma especializada de terapia diseñada para aliviar la angustia asociada a los recuerdos traumáticos. Implica un enfoque estructurado en ocho fases, que incorpora la estimulación bilateral mediante movimientos oculares, golpecitos o sonidos. La EMDR ayuda a procesar los recuerdos angustiantes, permitiendo una resolución flexible y reduciendo su impacto en tus pensamientos actuales (Cleveland Clinic, 2022).

Cómo Funciona

Un terapeuta te guía a través de la evocación de recuerdos angustiantes mientras facilita la estimulación bilateral. Este proceso anima al cerebro a reprocesar los recuerdos, disminuyendo su carga emocional.

Con el tiempo, la EMDR puede contribuir a una comprensión más adaptativa de las experiencias traumáticas pasadas, disminuyendo su influencia en los pensamientos y comportamientos actuales.

Terapia Cognitivo-Conductual Informada por el Trauma

En la terapia cognitivo-conductual informada por el trauma (TI-CBT, por sus siglas en inglés), la terapia cognitivo-conductual tradicional

(TCC) se adapta para alinearse con los principios informados por el trauma, fomentando un entorno seguro y de apoyo. La TI-CBT reconoce el impacto del trauma en los pensamientos, las emociones y los comportamientos, ofreciendo estrategias flexibles para abordar los pensamientos excesivos arraigados en las experiencias traumáticas (Cleveland Clinic, 2022).

He aquí los factores clave de la TI-CBT:

- Se da prioridad al establecimiento de una relación terapéutica segura para generar confianza y garantizar un entorno seguro.

- Es esencial comprender la conexión entre el trauma y el sobrepensamiento. El estudio sobre el impacto del trauma capacita a los individuos para navegar por sus experiencias.

- Equipar a los individuos de habilidades prácticas de afrontamiento ayuda a gestionar los patrones de pensamiento excesivo y a regular las respuestas emocionales.

- La terapia informada por el trauma respeta la autonomía individual, permitiendo a los clientes guiar el ritmo y la profundidad de su viaje de sanación.

¿Por Qué Explorar Estos Enfoques?

Superar el sobrepensamiento ligado al trauma requiere una atención especializada. EMDR y TI-CBT ofrecen métodos específicos, proporcionando un marco estructurado y empático para procesar el trauma y remodelar los patrones de pensamiento. Recuerda que buscar orientación profesional es clave, y estos enfoques pueden ser herramientas valiosas en tu viaje hacia la sanación.

Emprender un camino informado sobre el trauma reconoce la profunda conexión entre tus experiencias y pensamientos. Al explorar estas técnicas, te empodera para navegar por el complejo terreno del pensamiento excesivo con compasión, resiliencia y un enfoque en el bienestar holístico.

Pasos para Empoderarse: La Narrativa del Trauma y el Método del Abrazo

¿Sabías que los terapeutas emplean diversas herramientas para apoyar tu viaje hacia la salud mental? Dos métodos impactantes, la Narrativa del Trauma y el Método del Abrazo de EMDR, pueden ser poderosos aliados en tu búsqueda para reducir el sobrepensamiento y sanar del trauma.

Narrativa del Trauma

La narrativa del trauma es una técnica terapéutica en la que trabajas en colaboración con tu terapeuta para crear un relato detallado de tu experiencia traumática.

Consiste en volver a contar el trauma en un entorno seguro y controlado, reconstruyendo gradualmente la historia.

Pasos guiados

- Empieza por fomentar una relación de confianza con tu terapeuta. Siéntete seguro en el espacio terapéutico.

- Comprende el propósito de la narración del trauma. Reconoce que repasar el trauma es un paso hacia el procesamiento y la sanación.

- Trabaja con tu terapeuta para garantizar un entorno seguro y de apoyo. Establecer un espacio seguro es fundamental para superar recuerdos potencialmente angustiantes.

- Empieza a compartir elementos de tu experiencia traumática a un ritmo que te resulte cómodo. El progreso dependerá de tu disposición.

- Después de relatar partes de tu historia, date tiempo para reflexionar sobre las emociones y sensaciones que surgen. Procesar estos sentimientos es parte integral del proceso de sanación.

- Participa regularmente en conversaciones con tu terapeuta para explorar la narrativa en evolución. Se realizan ajustes en el ritmo en función de tu nivel de comodidad.

Método del Abrazo de EMDR

El método del abrazo es una forma tangible de estimulación bilateral empleada en la terapia EMDR. Consiste en autoconsolarse mediante el tacto reconfortante durante las sesiones, lo que contribuye al control emocional.

Pasos guiados

- Familiarízate con el concepto de estimulación bilateral. En EMDR, ésta suele implicar movimientos oculares, sonidos o sensaciones táctiles.

- Entiende el método del abrazo como una forma de estimulación bilateral autoadministrada. Sirve como técnica reconfortante y de anclaje.

- Asegúrate de que te encuentras en un espacio tranquilo y seguro en el que puedas practicar cómodamente el Método del Abrazo.

- Mientras estás sentado o de pie, cruza suavemente los brazos y coloca las manos en los hombros opuestos, creando lo similar a un abrazo.

- Cierra los ojos, respira lenta y pausadamente y disfruta de las sensaciones tranquilizadoras creadas por el autoabrazo.

- Mientras realizas este método, redirige tus pensamientos hacia aspectos positivos y tranquilizadores, fomentando una sensación de seguridad.

Estos métodos proporcionan vías estructuradas para procesar el trauma y promover el control emocional. Incorporarlos a tu viaje de sanación ofrece oportunidades para el autodescubrimiento, la resiliencia y un camino hacia una existencia más empoderada y centrada.

A medida que navegamos por las profundidades del impacto del trauma en el sobrepensamiento, queda claro que desentrañar el pasado es un paso esencial hacia la sanación actual. Reconocer y abordar las heridas no sanadas es un poderoso paso hacia la recuperación del bienestar mental.

En nuestro próximo capítulo, profundizaremos en una práctica transformadora que se alinea a la perfección con el viaje de la sanación: el mindfulness. Esta antigua práctica tiene aplicaciones modernas que pueden guiarnos hacia una existencia más centrada, presente y empoderada. Únete a nosotros para explorar el profundo impacto del mindfulness en la gestión de los traumas y el comienzo de una nueva sensación de paz y resiliencia. El viaje hacia la sanación continúa paso a paso con la atención plena.

Una Nota Especial de la Autora

Querido lector,

Al detenerte aquí, en el punto medio de nuestro viaje juntos, espero que las páginas que has leído hasta ahora te hayan resultado esclarecedoras y agradables. Si este libro te ha conmovido, te ha provocado nuevos pensamientos u ofrecido valiosas perspectivas, tengo que pedirte un pequeño favor.

¿Considerarías dejar una reseña?

Tus comentarios y experiencias importan enormemente. Al compartir una reseña, no solo me apoyas a mí como autora, sino que también orientas a otras personas que podrían beneficiarse de este libro. Tus palabras pueden iluminar el camino de otra persona que busque las ideas y los conocimientos que tú has descubierto.

Si no tienes tiempo para una reseña, dedica un breve momento a dejar una valoración con estrellas si consideras que este libro es valioso.

Gracias por formar parte de esta historia. Tu voz puede marcar una profunda diferencia.

Un cordial saludo,

Jane Kennedy

Capítulo 6
Mindfulness: Dominar el Momento Presente

Mucha gente está viva, pero no percibe el milagro de estar viva. –
Thich Nhat Hanh

En este capítulo, descubriremos la esencia del mindfulness, desmitificaremos sus principios y desvelaremos técnicas prácticas que facultan a las personas para dominar el momento presente. El mindfulness no es solo una práctica; es una forma de vida: un antídoto contra el incesante parloteo de la mente.

Se postula como un enfoque de eficacia probada para acallar la cacofonía del exceso de pensamientos, ofreciendo un santuario en el momento presente. Respaldada por la sabiduría antigua y la ciencia moderna, esta práctica promete no solo tranquilidad, sino un cambio profundo en nuestra forma de percibir el mundo y de relacionarnos con él.

Qué Significa Estar en el Presente

Permíteme compartir contigo el extraordinario viaje de Rachael Kable, que, como muchos de nosotros, luchó contra la agobiante carga del estrés hasta que el mindfulness se convirtió en su gurú.

En el torbellino de una vida cargada de estrés, Rachael buscó consuelo en diversos mecanismos de afrontamiento. De la meditación al ejercicio, del amor propio a las técnicas de relajación, exploró incansablemente vías para recuperar la paz. El sueño le era impreciso, el trabajo era una fuente de temor y el peso constante de las exigencias de la vida la dejaban con la sensación de estar escalando perpetuamente una montaña insuperable.

El mindfulness entró en su vida como una mera técnica, una solución potencial entre muchas otras. Poco se imaginaba Rachael que crecería hasta convertirse en una forma profunda de vivir y pensar, remodelando el núcleo de su existencia.

El punto de inflexión no fue una revelación instantánea, sino un despliegue gradual. Las mañanas de Rachael pasaron de ser momentos de caóticas listas de tareas pendientes a tranquilos rituales de mindfulness. En esos primeros momentos, se acostaba en la cama, sumergiéndose en el presente —sonidos, vistas, sensaciones corporales y respiración—, todo ello abrazado con una suave conciencia.

Esta práctica aparentemente pequeña produjo poderosos resultados. En lugar de empezar el día con ansiedad, Rachael se encontró en calma y relajada, estableciendo un tono positivo para las horas que tenía por delante. Desde esta base, el mindfulness impregnó el resto de su día.

El mindfulness, descubrió Rachael, no se limitaba a actividades específicas, sino que se extendía a todas las facetas de la vida. Las conversaciones se convirtieron en intercambios conscientes, cocinar se transformó en una experiencia sensorial e incluso tareas mundanas como el cuidado de la piel se convirtieron en oportunidades para la existencia deliberada.

Rachael hizo hincapié en que esta integración transformadora del mindfulness no fue un esfuerzo enorme. Se desarrolló naturalmente, con cambios sutiles que fueron el mindfulness en el tejido de su existencia cotidiana. Lo que empezó como un esfuerzo consciente por sintonizar con su respiración y disfrutar una taza de té evolucionó hacia una inclinación natural a acoger cada momento con atención plena (Kable, 2016).

Su historia ejemplifica que el mindfulness no es una tarea ardua que exija grandes cantidades de tiempo. Por el contrario, es una práctica ligera y evolutiva que, una vez sembrada, crece sin esfuerzo. El viaje de Rachael es un testimonio del profundo impacto que puede tener la atención plena: un viaje desde una vida envuelta en el estrés a otra impregnada de abundancia, aceptación, gratitud y positividad.

De las Raíces Milenarias a la Psicología Moderna

En su esencia, el mindfulness es una práctica profundamente arraigada en las antiguas tradiciones contemplativas, que está adquiriendo un nuevo reconocimiento e importancia en la psicología moderna. Es una práctica sencilla pero profunda que gira en torno a estar plenamente presente en el momento actual. Implica dirigir intencionadamente tu atención al aquí y ahora sin juicios ni distracciones. Imagínatelo como un estado mental en el que entras en la experiencia actual, reconociendo los pensamientos y las sensaciones sin enredarse en ellos. Este enfoque transformador de estar plenamente presente en el momento tiene su origen en las filosofías orientales, sobre todo en el budismo, donde constituye un componente esencial del camino hacia la iluminación.

El concepto emigró de los reinos contemplativos de la sabiduría antigua a la psicología contemporánea a través del trabajo pionero de Jon Kabat-Zinn. A finales de la década de 1970, Kabat-Zinn, un biólogo molecular reconvertido en practicante de meditación, introdujo la Reducción del Estrés Basada en el Mindfulness (MBSR, por sus siglas en inglés). Este programa estructurado mezclaba prácticas tradicionales de meditación de mindfulness con principios psicológicos occidentales y tenía como objetivo aliviar el estrés y mejorar el bienestar (García-Campayo y otros, 2021).

El trabajo de Kabat-Zinn marcó un importante momento, ya que despertó un gran interés por el mindfulness dentro de las comunidades científica y clínica. La naturaleza adaptable del mindfulness, apartado de los contextos religiosos, le permitió trascender las fronteras culturales y atraer a un público diverso.

La psicología moderna ha adoptado el mindfulness por su potencial para fomentar la claridad mental, la resiliencia emocional y el bienestar psicológico general. Hoy en día, es un componente central de diversos enfoques terapéuticos, como la terapia cognitiva basada en el mindfulness (MBCT, por sus siglas en inglés) y la terapia dialéctica conductual (TDC). Las pruebas empíricas que respaldan la efectividad para reducir el estrés, la ansiedad y la depresión han impulsado el mindfulness a las prácticas de salud mental dominantes.

Liberar el Poder del Mindfulness

Ahora que hemos descubierto en qué consiste el mindfulness, profundicemos en los innumerables beneficios que ofrece, sobre todo en el ámbito de controlar la incesante agitación del sobrepensamiento.

Claridad Cognitiva

Las investigaciones destacan sistemáticamente que las prácticas de mindfulness mejoran la función cognitiva. Al fomentar una aguda conciencia del presente, estarás mejor equipado para desenmarañar pensamientos complejos y ganar claridad. Es como encender una linterna mental para atravesar el laberinto de tu mente (Whitfield y otros, 2021b).

Reducción del Estrés

Sobrepensar suele ir de la mano del estrés, creando un ciclo difícil de romper. El mindfulness actúa como un potente antiestrés. Los estudios científicos demuestran que la práctica habitual de la atención plena reduce los niveles de cortisol, la notoria hormona del estrés, lo que conduce a una mente más tranquila.

Control Emocional

¿Alguna vez te has visto arrastrado por un torrente de emociones desencadenadas por un exceso de pensamientos? EL mindfulness te proporciona una balsa salvavidas. Te permite observar las emociones sin dejarte consumir por ellas. Los estudios indican que el mindfulness mejora el control emocional, fomentando una relación más sana con tus sentimientos.

Mejora el Enfoque y la Concentración

Pensar demasiado suele dispersar tu atención en innumerables direcciones. El mindfulness, por el contrario, agudiza tu enfoque. Numerosos estudios revelan que participar en prácticas de atención plena mejora la atención y la concentración, ayudándote a permanecer anclado en la tarea presente.

Interrumpir el Bucle del Sobrepensamiento

El mindfulness es un poderoso perturbador del bucle de pensamiento excesivo. Al entrenar tu mente para permanecer presente, creas un amortiguador contra la repetición implacable de acontecimientos pasados o la proyección ansiosa hacia el futuro.

Mejora de la Capacidad para Resolución de Problemas

Sobrepensar suele ser el resultado de intentar resolver problemas que tal vez ni siquiera existan. El mindfulness, con su énfasis en el momento presente, ayuda a perfeccionar tus habilidades para resolver problemas. En lugar de rumiar los problemas potenciales, te vuelves experto en abordar los retos a medida que surgen.

Emprender un viaje de mindfulness no es un compromiso con un ritual complicado; es una invitación a una existencia más conectada y centrada. A medida que integres el mindfulness en tu rutina diaria, es probable que descubras que los zarcillos del pensamiento excesivo aflojan gradualmente su agarre, dejando paso a una versión más tranquila y centrada de ti mismo. El viaje puede comenzar con una sola inhalación, la respiración que te conecta con el ahora.

Técnicas Prácticas de Mindfulness

F. Scott Fitzgerald dijo: "Por si sirve de algo, nunca es demasiado tarde para ser quien quieras ser. Espero que vivas una vida de la que te enorgullezcas, y si descubres que no es así, espero que tengas la fuerza para comenzar de nuevo" (Sharpe, 2021). En los ecos de sus palabras eternas se esconde una invitación a reevaluar la trayectoria de nuestras vidas. El viaje hacia una vida de la que sentirse orgulloso suele comenzar con un solo paso, y en el ámbito del mindfulness, cada paso es una danza deliberada con el presente. La siguiente sección presenta paso a paso técnicas probadas de mindfulness para que las explores.

Ejercicio con Pasas

Comienza este viaje de exploración sensorial con una simple pasa. Sigue estos pasos:

Paso 1: Preparación.

Sostén la pasa en la mano, observando su textura, forma y peso. Fíjate en cualquier idea preconcebida o expectativa.

Paso 2: Involucra tus sentidos.

Cierra los ojos y acerca la pasa a tu nariz. Inhala profundamente, absorbiendo su aroma. Deja que el aroma envuelva tu conciencia.

Paso 3: Explora con el tacto.

Pasa la pasa entre tus dedos, sintiendo su superficie. Presta atención a tus contornos, a su temperatura y a cualquier sensación que provoque.

Paso 4: Saborea con atención.

Coloca la pasa en tu lengua sin masticar inmediatamente. Observa el sabor inicial y, cuando decidas masticar, presta atención a los cambios de sabor y textura.

Paso 5: Reflexiona.

Tómate un momento para meditar sobre la experiencia. ¿De qué manera la participación de cada sentido transformó un acto mundano en un profundo viaje de mindfulness?

Escaneo Corporal

Esta técnica consiste en dirigir la atención a diferentes partes de tu cuerpo. Sigue estos pasos:

Paso 1: Busca una posición cómoda.

Siéntate o acuéstate en una posición cómoda. Cierra los ojos si ello favorece tu concentración.

Paso 2: Empieza por los dedos de los pies.

Cambia tu atención hacia los dedos de los pies. Concéntrate en cualquier sensación: calor, frío o presión. Respira unas cuantas veces con esta conciencia.

Paso 3: Sube gradualmente.

Desplaza tu atención gradualmente hacia arriba por cada parte de tu cuerpo —tobillos, espinillas, rodillas y muslos— y observa las sensaciones sin juzgarlas.

Paso 4: Observa tu respiración.

Cuando llegues a la cabeza, presta atención a tu respiración. Siente la subida y bajada de tu pecho o la sensación de la respiración entrando y saliendo de tus fosas nasales.

Paso 5: Amplía tu conciencia.

Expande tu conciencia a todo tu cuerpo. Siente la unión de tu cuerpo en el momento presente.

Paso 6: Concluye atentamente.

Vuelve lentamente tu atención al presente. Observa cualquier cambio en cómo te sientes.

Visión Consciente

Involucra tus sentidos visuales con este ejercicio de visión consciente. Sigue estos pasos:

Paso 1: Elige un objeto.

Selecciona un objeto de tu entorno. Puede ser cualquier cosa: una flor, un libro o incluso un simple bolígrafo.

Paso 2: Mire atentamente.

Dirige tu atención al objeto elegido. Míralo fijamente como si lo vieras por primera vez. Observa su forma, color y cualquier detalle intrincado.

Paso 3: Explora sin juzgar.

Permite que tu mente explore el objeto sin emitir juicios. Abstente del impulso de etiquetar o categorizar. Simplemente sé testigo del tapiz visual que tienes ante ti.

Paso 4: Respira atentamente.

Incorpora la respiración consciente. Mientras contemplas el objeto, sincroniza tu respiración. Inhala y exhala con naturalidad, dejando que cada respiración profundice tu conexión con la experiencia visual.

Paso 5: Está presente.

Si tu mente empieza a divagar, guíala suavemente de vuelta al momento presente. Acepta la riqueza visual del objeto, apreciando su existencia en el ahora.

Meditación del Observador

Esta meditación fomenta un sentido de desapego y conciencia.

Paso 1: Encuentra un espacio tranquilo.

Elige un espacio tranquilo y cómodo donde no te molesten. Siéntate o acuéstate en una posición relajada.

Paso 2: Observa tus pensamientos.

Cierra los ojos y lleva tu atención a tus pensamientos. Imagínalos como nubes que atraviesan el cielo de tu mente. Observa sin apego ni juicio.

Paso 3: Acoge la conciencia desapegada.

Imagínate como el observador de esos pensamientos, desapegado y sereno. No eres los pensamientos; eres quien los observa.

Paso 4: Concéntrate en la respiración.

Desplaza tu atención hacia la respiración. Inhala y exhala deliberadamente. Cuando surjan los pensamientos, reconócelos y vuelve a centrarte suavemente en la respiración.

Paso 5: Expande la conciencia.

Amplía tu conciencia más allá de los pensamientos y la respiración hacia todo tu ser. Siente la presencia de tu cuerpo y la energía de tu interior.

Paso 6: Vuelve gradualmente.

Cuando te sientas preparado, trae gradualmente tu conciencia al momento presente. Abre los ojos y lleva contigo la sensación de conciencia desconectada.

Ejercicio de los Cinco Sentidos

Involucra todos tus sentidos en este ejercicio de mindfulness:

Paso 1: Fíjate en cinco cosas.

Reconoce cinco cosas que puedas ver en tu entorno inmediato. Puede ser el color de las paredes, el dibujo de una alfombra o el movimiento de las hojas en el exterior.

Paso 2: Reconoce cuatro cosas que puedas sentir.

Desplaza tu conciencia hacia tu sentido del tacto. Identifica cuatro cosas que puedas sentir: la textura de una superficie, el calor de la luz del sol o la suavidad de un objeto.

Paso 3: Reconoce tres cosas que puedes oír.

Escucha atentamente lo que te rodea. Identifica tres cosas que puedas oír, ya sea el zumbido de los electrodomésticos, el tráfico lejano o el susurro de las hojas.

Paso 4: Identifica dos cosas que puedas oler.

Concéntrate en tu sentido del olfato. Registra dos olores distintos en su entorno, tal vez el olor de la naturaleza, de la comida o cualquier aroma que te rodee.

Paso 5: Identifica una cosa que puedas saborear.

Concluye reconociendo una cosa que puedas saborear. Podría ser el sabor persistente de una bebida, un indicio de una comida reciente o la frescura de tu aliento.

Este ejercicio te sitúa en el momento presente al involucrar todos tus sentidos, fomentando el mindfulness y la conciencia.

Ejercicio de Mindfulness en 3 Pasos

Simplifica la atención plena con este ejercicio conciso pero eficaz:

Paso 1: Detente.

Haz una pausa en lo que estés haciendo. Ya sea el trabajo, las tareas domésticas o simplemente las prisas del día, tómate un momento para parar.

Paso 2: Respira.

Respira profundamente de forma consciente. Siente cómo el aire entra en tus pulmones y luego sale. Deja que cada respiración sea un ancla al momento presente.

Paso 3: Observa.

Dirige tu atención a tu entorno. Observa los detalles, los colores, los sonidos y cualquier sensación. Mantente plenamente presente en este momento sin juzgar.

Estos tres pasos, diseñados para ser sencillos y prácticos, proporcionan un punto de introducción rápido al mindfulness en medio del estrés y el exceso de pensamientos.

Caminar por la Calle con Atención Plena

Transforma una actividad rutinaria en una práctica de mindfulness caminando por la calle con atención plena.

Paso 1: Empieza con intención.

Cuando comiences a caminar, establece la intención de estar plenamente presente. Concéntrate en el propio acto de caminar y no en tu destino.

Paso 2: Fíjate en tus pasos.

Presta atención a cada paso que das. Siente la conexión entre tus pies y el suelo. Fíjate en los movimientos y sensaciones sutiles.

Paso 3: Activa tus sentidos.

Abre tu conciencia al entorno. Observa las imágenes, los sonidos y los olores que te rodean. Involucra plenamente tus sentidos mientras sigues caminando.

El Espacio de Respiración de 3 Minutos

Este ejercicio proporciona un rápido reajuste para los momentos de estrés o ajetreo.

Paso 1: Practica la toma de conciencia.

Dedica el primer minuto a tomar conciencia de tus pensamientos, sentimientos y sensaciones. Reconoce lo que está presente sin juzgarlo.

Paso 2: Enfoca tu atención.

En el segundo minuto, desplaza tu atención hacia tu respiración. Concéntrate en cada inhalación y exhalación. Deja que tu respiración te arraigue en el momento presente.

Paso 3: Expande tu conciencia.

En el último minuto, amplía tu conciencia a todo tu cuerpo y al entorno. Observa cómo se siente después de esta breve pausa de mindfulness.

Incorporar estas prácticas a tu rutina puede fomentar un enfoque más consciente y centrado de la vida.

Sesión Guiada de Mindfulness

- Siéntate en una silla cómoda con los pies apoyados en el suelo. Descansa las manos sobre el regazo. Cierra los ojos si te sientes cómodo haciéndolo.

- Dedica un momento a apreciar tu respiración. Siente la sensación de la respiración cuando entra y sale de tu cuerpo. Presta atención a la subida y bajada de tu pecho y a la sensación del aire en tus fosas nasales.

- Empieza a contar tus respiraciones. Inhala tranquilamente y luego exhala contando "uno". Inhala de nuevo, luego exhala, contando "dos". Continúa contando hasta diez, luego comienza de nuevo desde uno. Si tu mente divaga, vuelve a centrarte suavemente en el conteo.

- Permite que tu atención descanse plenamente en tu respiración. Mantente presente en cada inhalación y exhalación. Si surgen pensamientos, reconócelos sin juzgarlos y guía suavemente tu atención de vuelta a la respiración.

- A medida que continúes, amplía tu conciencia a todo tu cuerpo. Observa cualquier zona de tensión o relajación. Suelta la tensión con cada exhalación. Siente el ritmo calmante de tu respiración.

- Al cabo de unos minutos, abre los ojos si los tenía cerrados. Tómate un momento para registrar cómo te sientes. Aprecia la sensación de calma y presencia que te proporciona esta práctica de respiración consciente.

Hacer del Mindfulness una Parte de la Vida Cotidiana

Conoce a Dale, un profesional que se enfrenta a los retos de una carrera profesional acelerada y a las exigencias de la vida cotidiana. El estrés y el sobrepensamientos se habían convertido en compañeros constantes, afectando a su bienestar y a su capacidad para encontrar la alegría en el momento presente.

Un día, Dale decidió que había llegado el momento de cambiar. Había oído hablar de los beneficios del mindfulness y de cómo podía aportar una sensación de calma en medio del caos de la vida. He aquí cómo Dale incorporó con éxito el mindfulness a su ajetreado estilo de vida.

Dale empezó poco a poco dedicando unos minutos cada mañana a esta práctica. Antes de sumergirse en los correos electrónicos del trabajo o en la lista de tareas del día, encontraba un espacio tranquilo, respiraba de forma consciente unas cuantas veces y establecía una intención positiva para el día. Esta breve práctica le permitió empezar el día con una sensación de claridad y propósito.

Reconociendo que su jornada laboral era a menudo agitada, Dale adoptó el concepto de "momentos de atención plena". En lugar de sentirse abrumado por el flujo constante de tareas, se tomaba breves descansos para practicar el mindfulness. Ya fuera un paseo consciente hasta el dispensador de agua o un breve ejercicio de respiración en su escritorio, estos momentos se convirtieron en anclas de calma en medio de un día ajetreado.

Dale se dio cuenta de que incluso las comidas podían convertirse en oportunidades para el mindfulness. En lugar de comer con prisas, empezó a prestar atención a los colores, las texturas y los sabores de su comida. Esto no solo mejoró su disfrute de estas, sino que también le ayudó a fomentar una mayor conciencia de las señales de hambre y saciedad de su cuerpo.

Al final del día, Dale incorporó el mindfulness a su rutina nocturna. En lugar de consumirse pensando excesivamente en los acontecimientos del día o preocupándose por las tareas de mañana, dedicaba unos minutos a la reflexión consciente. Esto le ayudó a liberar tensiones y a acercarse a la hora de acostarse con la mente más relajada.

Dale no veía el mindfulness como una práctica separada, sino como una parte integrada de su vida. Tanto si se desplazaba al trabajo, como si hacía ejercicio o pasaba tiempo con sus seres queridos, incorporaba el mindfulness a estas actividades. Este cambio de perspectiva le permitió implicarse plenamente en cada momento, reduciendo las garras del sobrepensamiento.

Gracias a un esfuerzo constante y al compromiso de hacer del mindfulness una prioridad, Dale experimentó una notable transformación. El estrés y el exceso de pensamientos que antes enturbiaban sus días empezaron a disiparse, dejando espacio para una mayor sensación de calma, concentración y plenitud en su vida cotidiana.

En medio de la apretada agenda de la vida cotidiana, encontrar momentos para el mindfulness no tiene por qué ser una tarea separada: puede convertirse sin problemas en parte de tu rutina. He aquí algunos consejos y herramientas que te ayudarán a incorporar el mindfulness en diversos aspectos de tu día:

Desplazarse con Atención

- Utiliza tu tiempo de desplazamiento al trabajo para centrarte en tu respiración. Respira lenta y pausadamente y observa las sensaciones de cada inhalación y exhalación.
- En lugar de desconectar o perderte en tus pensamientos, escucha activamente los sonidos que te rodean, ya sea el tráfico, el canto de los pájaros o el zumbido de la ciudad.

Ducharse con Atención

- Siente el agua sobre la piel, nota la temperatura y mantente presente con la sensación de limpieza. Involucra plenamente tus sentidos en la experiencia.
- Elige un gel de ducha o un jabón con un aroma calmante. Presta atención al aroma y deja que cree una atmósfera de calma.

Comer con Atención

- Disminuye la velocidad durante las comidas. Tómate tu tiempo para apreciar los sabores, texturas y colores de tu comida. Mastica despacio y mantente presente en cada bocado.
- Antes de empezar a comer, tómate un momento para expresar gratitud por el alimento que tienes delante. Este sencillo acto puede cambiar tu mentalidad.

Mindfulness Durante las Pausas en el Trabajo

- Tómate breves descansos para estirar el cuerpo. Presta atención a cómo se sienten tus músculos y libera cualquier tensión.
- Si es posible, pasa unos minutos al aire libre durante las pausas. Siente el sol o el viento en el rostro, y observa el entorno natural que te rodea.

Uso Consciente de la Tecnología

- Antes de tomar el teléfono o la computadora, respira con atención. Sé intencionado sobre su uso, y observe cómo estos dispositivos impactan en tu estado de ánimo.
- Programa breves periodos de desintoxicación digital a lo largo del día, que permitan a tu mente descansar de la constante conexión.

Rutina Nocturna de Relajación

- Antes de ir a la cama, reflexiona sobre los momentos positivos de tu día. Identifica los retos sin insistir en ellos.

- Practica un ejercicio de respiración calmante para indicar a tu cuerpo que es hora de relajarse.

Al integrar el mindfulness en estas actividades rutinarias, transformarás los momentos triviales en oportunidades para la presencia y la autoconsciencia. Experimenta con estos consejos, adáptalos a tus preferencias y descubre cómo el mindfulness puede convertirse en una parte natural de tu vida diaria.

Hoja de Trabajo para la Integración del Mindfulness: Planifica Tu Día con Atención Plena

Utiliza esta hoja de trabajo para identificar y planificar cómo puedes incorporar el mindfulness en diversas partes de tu rutina diaria.

- Enumera uno o dos aspectos concretos de tu trayecto al trabajo en los que puedas enfocarte en tu respiración.

- Identifica sonidos durante el trayecto que puedas escuchar activamente.

- Escribe cómo puedes involucrar tus sentidos durante tu rutina de ducha.

- Elige un aroma calmante para la ducha y registra su impacto.

- Describe cómo reducirás la velocidad y disfrutarás tus comidas.

- Planifica un breve momento de gratitud antes de cada comida.

- Enumera los estiramientos específicos que puedes hacer durante los descansos.

- Identifica elementos al aire libre que puedas observar durante las pausas breves.

- Anota una señal de mindfulness antes de utilizar el teléfono o la computadora.

- Programa pausas breves lejos de las pantallas digitales.

- Esboza una indicación para reflexionar sobre los momentos positivos.

- Elige un ejercicio de respiración calmante para la hora de acostarse.

- Planifica momentos a lo largo del día para respirar intencionadamente.

- Identifica una cosa de tu entorno para observarla con atención.

- Añade cualquier otro aspecto de tu día en el que desees integrar el mindfulness.

- Reserva unos minutos al final de cada día para reflexionar sobre tus momentos de atención plena.

El Arte de Ser Agradecido

Hace más de diez años, Carolyn se enfrentó a la estremecedora pérdida de su padre, que cedió a las lesiones traumáticas de un accidente de automóvil. Poco después, su madre recibió un diagnóstico devastador de inicio precoz de Alzheimer. La magnitud de estos retos dejó a Carolyn lidiando con la ira, un sentimiento de injusticia y desesperación. Además de las visitas diarias a la residencia asistida de su madre, Carolyn fue testigo del deterioro gradual de la personalidad antaño vibrante de su madre.

En medio de este trasfondo de pérdida, Carolyn se vio incapaz de perseguir sus propias aspiraciones o de viajar, consumida por las responsabilidades de cuidar a su madre enferma. Ante estas dificultades, para Carolyn se convirtió en un reto aferrarse a la conciencia de que había sido bendecida con unos padres cariñosos, unos hijos realizados, una pareja que la apoyaba, un trabajo satisfactorio, una excelente salud y el potencial para hacer realidad sus sueños en los años venideros. En su lugar, su atención se fijó en las limitaciones y la pérdida de libertad percibida que acompañaban a su papel de cuidadora de su madre.

Buscando consuelo y un cambio de perspectiva, Carolyn adoptó la escritura de un diario, construyó su Lista de Gratutid y adoptó la meditación de gratitud como parte de sus rituales diarios. Estas prácticas surgieron como anclas durante un periodo turbulento, ayudándola a ver realmente las innumerables bendiciones entretejidas en su vida. Cuando finalmente falleció su madre, Carolyn se aferró a estos rituales, encontrando consuelo y apoyo en el proceso de duelo.

A través de estas prácticas transformadoras, Carolyn desarrolló un profundo sentido de la gracia, definido como la capacidad de aceptar el dolor y los retos de la vida al tiempo que se aprecia su belleza y alegría inherentes. Con una perspectiva recién descubierta, Carolyn articuló su deseo de vivir la vida al máximo. Habló con pasión de una larga lista de experiencias que esperaba vivir, tanto con su marido como por su cuenta. Carolyn anhelaba disfrutar cada momento, negándose a dar nada por sentado. Su enfoque pasó de las limitaciones a las posibilidades, reconociendo cada día como un precioso regalo.

Al incorporar estas estrategias de gratitud a tu vida, Carolyn experimentó una transformación positiva. A medida que cultivaba su "cociente de gratitud", su enfoque pasó de la carencia percibida en su vida a la abundancia que ya existía. Fue un proceso de reentrenamiento de su cerebro para percibir las maravillas y posibilidades que se desplegaban ante ella cada día (Kamen, 2015).

La Correlación de la Gratitud y el Mindfulness: Elevar el Momento Presente

El mindfulness y la gratitud comparten una relación interconectada, cada una de las cuales refuerza y enriquece a la otra. En su esencia, el mindfulness implica estar plenamente presente en el momento actual y observar los pensamientos y sentimientos sin juzgarlos. Por otro lado, la gratitud es la práctica de reconocer y apreciar los aspectos positivos de la propia vida.

Cuando estas dos prácticas se unen, crean un efecto sinérgico que potencia los beneficios generales. He aquí cómo la gratitud puede elevar las prácticas del mindfulness:

- La gratitud dirige la atención hacia los elementos positivos, animando a las personas a notar y apreciar los aspectos positivos del momento presente. Esta mayor conciencia se alinea a la perfección con el principio básico del mindfulness: mantenerse plenamente involucrado en el aquí y el ahora.

- Expresar gratitud habitualmente fomenta una mentalidad positiva. Esta positividad, a su vez, se convierte en parte integrante de las prácticas de mindfulness. Una perspectiva positiva ayuda a las personas a abordar el mindfulness con apertura, curiosidad y un mayor aprecio por la riqueza de cada momento.

- La gratitud sirve de ancla que mantiene la mente arraigada en las experiencias positivas. Esto ayuda a minimizar las distracciones y evita que la mente divague hacia pensamientos negativos o estresantes durante los ejercicios de mindfulness. La práctica de la gratitud crea un contexto positivo sobre el que puede florecer el mindfulness.

- La gratitud puede profundizar en la conexión mente-cuerpo, fomentando una sensación de bienestar. Cuando las personas se sienten agradecidas por las sensaciones, los movimientos y la respiración, se refuerza la naturaleza personificada del mindfulness. Esta experiencia integrada contribuye a una práctica del mindfulness más holística y satisfactoria.

- La gratitud alimenta la resiliencia al ayudar a los individuos a enfocarse en lo que tienen en lugar de en lo que les falta. Esta resiliencia se convierte en un activo valioso en las prácticas de mindfulness, ya que permite a los individuos afrontar los retos con una mentalidad más tranquila y tolerante.

- La gratitud invita a reflexionar sobre las experiencias positivas, fomentando una comprensión más profunda de las emociones asociadas a esos momentos. Este aspecto reflexivo se alinea con la naturaleza introspectiva del mindfulness, animando a los individuos a explorar su paisaje interior con curiosidad y aceptación.

- En esencia, incorporar la gratitud a las prácticas de mindfulness crea un bucle de retroalimentación positiva. La interacción entre mindfulness y gratitud promueve una experiencia más profunda y enriquecedora, mejorando el bienestar general y creando un equilibrio armonioso entre la conciencia y el agradecimiento en la vida cotidiana.

Prácticas de Gratitud para Controlar el Sobrepensamiento

Hemos visto que la gratitud contribuye en gran medida a mejorar nuestra mentalidad, y ahora es justo centrarnos en algunos ejercicios de gratitud:

Diario de Gratitud

- Reserva un tiempo específico cada día para escribir tres cosas por las que estés agradecido.

- Sé detallado y específico en tus anotaciones, reflejando tanto los momentos significativos como los pequeños momentos de gratitud.

Llevar un diario de gratitud redirige tu atención de los pensamientos negativos a los aspectos positivos de tu vida. También fomenta el mindfulness al incitarte a estar presente y apreciar el momento actual.

La práctica regular refuerza una mentalidad positiva, contrarrestando la tendencia a detenerse en pensamientos negativos.

Notas de Agradecimiento

- Escribe una nota de agradecimiento a alguien en tu vida, expresando gratitud por su influencia en ti. Puedes entregar la nota o guardarla para tu reflexión personal.

- Expresar gratitud profundiza los vínculos con los demás, fomentando las relaciones positivas. Anima a centrarte en las interacciones positivas en lugar de sobreanalizar las negativas.

- Escribir notas de agradecimiento crea un ciclo de positividad y amabilidad, reduciendo el sobrepensamiento.

Tres Cosas Buenas

- Cada noche, recuerda tres cosas positivas que hayan sucedido durante el día, reflexiona sobre por qué fueron positivos y anótalos.

- Este ejercicio te impulsa a reflexionar sobre los sucesos positivos, promueve una mentalidad positiva y establece una rutina de reconocimiento y aprecio de las cosas buenas habitualmente.

- Este ejercicio ayuda a contrarrestar la tendencia del cerebro a centrarse en las experiencias negativas, reduciendo el sobre pensamiento.

Meditación de Gratitud

- Realiza una meditación de mindfulness enfocada en la gratitud.

- Dirige tu atención a las cosas por las que estás agradecido, cultivando un sentimiento de gratitud.

- Integra la gratitud con el mindfulness, fomentando la conciencia del momento presente.

- La meditación regular de la gratitud ha sido relacionada con la disminución de los niveles de estrés, la reducción del sobrepensamiento y la contribución al bienestar emocional mediante el fomento de una mentalidad positiva y agradecida.

Incorporar estos ejercicios de gratitud a tu rutina puede ser una estrategia poderosa para combatir el pensamiento excesivo, fomentar una perspectiva positiva y promover el bienestar mental.

En el próximo capítulo, exploraremos estrategias prácticas para recablear los patrones de pensamiento y liberarse del ciclo del sobrepensamiento. Partiendo de la base del mindfulness, descubrirás técnicas para remodelar tu pensamiento y fomentar una mentalidad más positiva y empoderada.

Capítulo 7
Reestructuración Cognitiva: Cambiar Tu Mentalidad

La TCC, especialmente cuando se aplica a la ansiedad generalizada, ostenta una impresionante tasa de éxito del 70%-80%. Esto supera con creces la tasa de eficacia del 30% observada en la terapia de conversación tradicional (Dhuram, R. C., 2019).

En este capítulo, nos adentramos en el ámbito transformador de la reestructuración cognitiva, una potente herramienta derivada de la TCC. El objetivo es dotar a los lectores de ideas y técnicas para remodelar su mentalidad, proporcionándoles una hoja de ruta para superar el sobrepensamiento.

Comprender la Terapia Cognitivo-Conductual

La TCC se postula como un faro de esperanza, ofreciendo un enfoque sistemático y eficaz para remodelar los patrones de pensamiento y recuperar el bienestar mental. La TCC es un enfoque terapéutico arraigado en la comprensión de que nuestros pensamientos, sentimientos y comportamientos están interconectados. Funciona sobre la premisa de que la alteración de los patrones de pensamiento negativos puede dar lugar a cambios positivos en las emociones y comportamientos. Esta terapia estructurada y orientada a objetivos equipa a los individuos de herramientas prácticas para navegar y superar los retos, lo que la convierte en un aliado formidable en la batalla contra el pensamiento excesivo.

Principios Básicos de la Terapia Cognitivo-Conductual

Reestructuración cognitiva: Identificar y cuestionar los patrones de pensamiento distorsionados o negativos, sustituyéndolos por otros más equilibrados y constructivos.

Activación conductual: Realiza conductas positivas para contrarrestar los pensamientos y emociones negativos, fomentando una sensación de logro y bienestar.

Terapia de exposición: Enfrentarse y superar gradualmente los miedos o ansiedades exponiéndose a situaciones desencadenantes en un entorno controlado y de apoyo.

Mindfulness: Promover la conciencia del momento presente, mejorando la capacidad de responder reflexivamente en lugar de reaccionar impulsivamente.

El Poder de la TCC: Un Viaje Hacia la Liberación Mental

A medida que atravesamos el paisaje de la ansiedad, la depresión y la implacable garra del sobrepensamiento, comprender la eficacia de la TCC se convierte en algo fundamental.

Superar la Ansiedad

La TCC se mantiene firme con una tasa de éxito del 70%-80% en la reducción significativa de los síntomas de ansiedad generalizada (Dhuram, R. C., 2019). Imagina un conjunto de herramientas que te permita desarmar los pensamientos ansiosos que tejen una compleja red en tu mente. A través de la reestructuración cognitiva y la activación conductual, la TCC te equipa con la armadura para enfrentarse a la ansiedad de frente, desbloqueando una nueva sensación de calma.

Derrotar a la Depresión

La depresión suele ensombrecer los vibrantes colores de la vida, pero la TCC vuelve a introducir un espectro de matices en el cuadro. Su enfoque estructurado, centrado en la reestructuración cognitiva y la activación conductual, ha demostrado una eficacia notable. Al desafiar los patrones de pensamiento negativos y adoptar comportamientos positivos, las personas emprenden un viaje hacia la sanación emocional y la resiliencia.

Conquistar el Sobrepensamiento

El implacable ciclo del pensamiento excesivo puede ser paralizante, pero la TCC actúa como catalizador del cambio. A través de intervenciones específicas, la TCC desenreda los nudos de los patrones de pensamiento distorsionados, ofreciendo una hoja de ruta para liberarse de las cadenas del sobrepensamiento. Los principios de la TCC, arraigados en el mindfulness y la reestructuración cognitiva, te empoderan para recuperar el control sobre tu mente.

Aplicar la Reestructuración Cognitiva

¿Alguna vez te has visto atrapado en una red de pensamientos excesivos implacables, incapaz de escapar del ciclo de pensamientos negativos?

La reestructuración cognitiva es una poderosa técnica arraigada en la TCC que consiste en identificar y desafiar los patrones de pensamiento negativos. Su objetivo es cambiar nuestra forma de pensar desafiando los pensamientos distorsionados, irracionales o inútiles y sustituyéndolos por otros más equilibrados y constructivos. Este proceso ayuda a remodelar nuestra mentalidad, lo que conduce a perspectivas más sanas y a una reducción del sobrepensamiento.

Profundicemos en los pasos de la reestructuración cognitiva, un proceso transformador que te faculta para combatir el pensamiento excesivo y fomentar una mentalidad más equilibrada.

Paso 1: Identifica la Situación

Empieza por identificar la situación concreta que desencadena tu sobrepensamiento. ¿Qué acontecimientos o circunstancias preceden a la afluencia de pensamientos negativos? Comprender el contexto es fundamental para iniciar el cambio.

Paso 2: Reconoce Tus Sentimientos

Reconoce las emociones asociadas a la situación identificada. ¿Te sientes ansioso, estresado o agobiado? Registrar tus emociones sienta las bases para abordar los patrones de pensamiento subyacentes que contribuyen al pensamiento excesivo.

Paso 3: Identifica los Pensamientos Negativos

Descubre los pensamientos negativos automáticos que surgen en respuesta a la situación. Estos pensamientos suelen representar distorsiones cognitivas: creencias irracionales o exageradas que alimentan el sobrepensamiento. Registrar estos pensamientos es primordial para la intervención.

Paso 4: Evalúa el Pensamiento

Cuestiona la validez del pensamiento negativo. Pregúntate si hay pruebas específicas que lo apoyen o si está basado en suposiciones.

Considera perspectivas alternativas más equilibradas. Este paso te anima a evaluar objetivamente el realismo de tus pensamientos.

Paso 5: Toma Una Decisión

Basado en tu evaluación, toma una decisión consciente para adoptar pensamientos más constructivos. Elige pensamientos fundados en la realidad, promuevan la resiliencia y se alineen con una mentalidad más sana. Este proceso de toma de decisiones te capacita para remodelar tu campo cognitivo.

Arraigar Tus Creencias: Técnicas Basadas en la Evidencia para Reformular los Pensamientos

En el viaje para conquistar el sobrepensamiento, una de las herramientas más poderosas a tu disposición es la capacidad de fundamentar tus creencias en pruebas concretas. Al basar tus pensamientos en hechos, obtendrás una perspectiva más precisa de las situaciones, fomentando una mentalidad más sana. A medida que te aventuras en el viaje transformador de superar el sobrepensamiento, hay un paso crucial que puede marcar la diferencia: fundamentar tus creencias en pruebas. ¿Por qué es esto tan vital? Porque nuestros pensamientos conforman nuestra realidad, asegurarnos de que están anclados en hechos proporciona una base sólida para una mentalidad más sana.

Observa tus pensamientos como la lente a través de la cual percibes el mundo. Si esta lente está distorsionada o empañada por creencias infundadas, puede sesgar tu perspectiva y alimentar el sobrepensamiento.

He aquí algunas técnicas que te resultarán útiles para replantear tus pensamientos.

Registro de Pensamientos

El registro de pensamientos es una herramienta estratégica basada en los principios de la TCC. Su propósito es guiarte a través del proceso de identificar y desafiar los patrones de pensamiento negativos, fomentando una perspectiva más equilibrada y realista.

Pasos para Dirigir Tus Pensamientos

- Comienza por ubicar la situación desencadenante. ¿Qué ocurrió y cuáles fueron las circunstancias que condujeron a tus pensamientos?
- Reconoce las emociones que surgieron en respuesta a la situación. ¿Qué estabas sintiendo en ese momento?

- Sumérgete en tu proceso de pensamiento. ¿Qué pensamientos automáticos cruzaron tu mente durante la situación? Éstas son las respuestas inmediatas, a menudo subconscientes.

- Evalúa la validez de tus pensamientos. ¿Están basados en pruebas o provienen de distorsiones cognitivas? Enfrenta las creencias irracionales con contraargumentos lógicos.

- Explora pensamientos alternativos, más equilibrados. Considera diferentes perspectivas o resultados potenciales que se ajusten a la realidad.

- Asigna una calificación a la intensidad de tus emociones antes y después de enfrentar tus pensamientos. Esto ayuda a realizar un seguimiento del impacto del replanteamiento en tu bienestar emocional.

Ejemplo de situación:

Situación: Recibiste comentarios constructivos en el trabajo.

Emociones: Frustración, decepción.

Pensamientos: *Soy un fracaso; nunca consigo hacer nada bien.*

Evaluación: Enfrenta este pensamiento analizando los éxitos pasados, reconociendo los comentarios constructivos como una oportunidad de crecimiento y replanteando la situación como una experiencia de aprendizaje.

Pensamientos alternativos: *Los comentarios constructivos son valiosos para mejorar. He tenido éxito en el pasado y ésta es una oportunidad para mejorar mis habilidades.*

Calificación emocional: Antes: 8 (frustración intensa); Después: 4 (frustración reducida).

Al analizar sistemáticamente tus pensamientos e incorporar alternativas racionales, el Registro de Pensamientos te capacita para liberarte de los patrones de pensamiento excesivo. Este ejercicio es un paso tangible hacia el cultivo de una mentalidad arraigada en la evidencia y la resiliencia.

El Modelo ABCDE

El Modelo ABCDE (*por sus siglas en inglés*) es un enfoque sistemático dentro de la TCC diseñado para analizar minuciosamente y replantear las creencias irracionales y los pensamientos negativos. Al desglosar la secuencia de acontecimientos y reacciones, este modelo facilita una perspectiva más objetiva y constructiva.

Componentes del Modelo ABCDE:

A (*Activating event*): Acontecimiento activador

Identifica la situación o el acontecimiento que desencadenó tu respuesta emocional. ¿Qué ocurrió? Sé específico al detallar el suceso.

B (*Belief system*): Sistema de creencias

Examina tu sistema de creencias asociado al acontecimiento activador. ¿Qué pensamientos automáticos o creencias surgieron inmediatamente? Éstos suelen estar moldeados por experiencias y percepciones pasadas.

C (*Consequences*): Consecuencias

Analiza las consecuencias emocionales y conductuales derivadas de tus creencias. ¿Cómo afectaron tus pensamientos a tus emociones, acciones o bienestar general?

D (*Disputation of irrational beliefs*): Refutación de Creencias Irracionales

Cuestiona y rebate las creencias irracionales. ¿Existen distorsiones cognitivas en tu proceso de pensamiento? Sustitúyelas por perspectivas más racionales y basadas en pruebas.

E (*New Effect*): Nuevo Efecto

Reflexiona sobre los nuevos resultados emocionales y conductuales tras el debate de las creencias irracionales. ¿Cómo se han transformado sus sentimientos y acciones?

Ejemplo de aplicación:

Acontecimiento activador: Recibir críticas de un colega durante una reunión de equipo.

Sistema de creencias: *Soy un inútil; nunca podré hacer nada bien.*

Consecuencias: aumento del estrés, sentimientos de insuficiencia y renuncia de la participación en el equipo.

Refutación: Enfrenta la creencia teniendo en cuenta los logros pasados, reconociendo la crítica constructiva como una vía de mejora y reconociendo que todo el mundo comete errores.

Nuevo efecto: reducción del estrés, motivación para abordar las críticas constructivas y mayor participación en las discusiones de equipo.

El Modelo ABCDE te capacita para analizar y reconstruir sistemáticamente tus patrones de pensamiento. Al enfrentar las creencias irracionales, allana el camino hacia una mentalidad más resiliente y racional, disminuyendo el impacto del sobrepensamiento.

El Método Socrático

El método socrático es un enfoque interesante y esclarecedor para estimular el pensamiento crítico y el autodescubrimiento a través de una serie de preguntas abiertas. Llamado así por el antiguo filósofo griego Sócrates, este método pretende guiar a los individuos hacia una comprensión más profunda de sus creencias, suposiciones y conocimientos.

Principios Clave:

- El método socrático comienza por cuestionar las suposiciones y creencias comúnmente mantenidas. Anima a los individuos a cuestionar el fundamento de sus pensamientos.

- Profundiza en el significado de las palabras y los conceptos. Al aclarar la terminología, los participantes adquieren una comprensión más precisa de las ideas que se debaten.

- Pide a los individuos que aporten pruebas o ejemplos que respalden sus afirmaciones. Este paso refuerza el pensamiento crítico y garantiza que las afirmaciones estén fundamentadas.

- Promueve la exploración de puntos de vista alternativos. Al analizar diferentes ángulos, los participantes amplían sus perspectivas y cultivan la flexibilidad intelectual.

- Analizar las consecuencias e implicaciones de ideas o acciones específicas. Este paso fomenta una comprensión global de los resultados potenciales asociados a una creencia o decisión concreta.

Ejemplo de escenario:

Pensamiento activador: *Me preocupa constantemente lo que los demás piensen de mí.*

Preguntas socráticas:

- ¿Qué te lleva a creer que los demás te juzgan constantemente?

- ¿Puedes recordar casos concretos que hayan influido en esta creencia?

- ¿Cómo puede estar afectando esta creencia a tu comportamiento y emociones?

- ¿Qué pruebas hay que apoyen la idea de que todo el mundo está preocupado por tus acciones?

- ¿Podría haber explicaciones alternativas para el comportamiento de las personas que no impliquen un juicio negativo?

El método socrático capacita a los individuos para superar críticamente sus pensamientos. Al fomentar la autocuestionamiento y reflexión, sirve como una valiosa herramienta para romper el ciclo del sobrepensamiento y fomentar un enfoque más matizado y razonado del propio diálogo interior.

La Técnica STOP

La técnica STOP (*por las siglas en inglés*) es una estrategia de mindfulness sencilla pero poderosa, diseñada para interrumpir y redirigir el sobrepensamiento. Mediante la aplicación de esta técnica, las personas pueden recuperar el control sobre sus pensamientos y evitar la escalada de patrones de pensamiento ansiosos o repetitivos.

Pasos:

Detenerse (S): Cuando notes que el sobrepensamiento se apodera de ti, haz una pausa y di mental o verbalmente "DETENTE". Este paso inicial es una interrupción intencionada para romper el flujo de pensamientos excesivos.

Respira (T): Tras la orden "DETENTE", respira lenta y profundamente. Concéntrate en la sensación de inhalar y exhalar. Este paso fomenta un momento de mindfulness, ayudando a centrar tu atención en el presente.

Observa (O): Cambia tu enfoque para observar los pensamientos y emociones que estabas experimentando. Sin juzgar, fíjate en la naturaleza de tus pensamientos. ¿Están basados en hechos o están impulsados por suposiciones o miedos?

Actúa conscientemente (P): Tras detenerte, respirar y observar, actúa con una mentalidad más consciente e intencionada. Considera si los pensamientos que desencadenaron el pensamiento excesivo son realistas o si existen perspectivas alternativas o más equilibradas.

Ejemplo de escenario:

Escenario de sobrepensamiento: *Cometí un error en una presentación y ahora todos deben pensar que soy incompetente.*

Aplicación de la técnica STOP:

- Detente: Haz una pausa y reconoce que estás atrapado en un ciclo de pensamientos negativos.
- Respira: Inhala y exhala lentamente, anclándote en el momento presente.
- Observa: Reconoce el pensamiento sin dejar que defina tu valor. Identifica que todo el mundo comete errores.

- Actúa conscientemente: Decide aprender del error y concéntrate en mejorar en lugar de obsesionarse con los juicios percibidos.

La técnica STOP es una herramienta valiosa para fomentar el mindfulness y liberarte de las garras del sobrepensamiento. Al incorporar esta práctica a la vida cotidiana, las personas pueden afrontar los retos con mayor claridad y resiliencia.

Prueba Cognitiva

La prueba cognitiva es una poderosa estrategia mental utilizada para prepararse ante situaciones desafiantes, mejorar el rendimiento y disminuir la ansiedad. Esta técnica consiste en imaginar vívidamente y practicar respuestas exitosas a dificultades potenciales, programando eficazmente la mente para el éxito.

Cómo Practicar la Prueba Cognitiva

- Señala una situación o escenario específico que normalmente desencadene estrés o sobrepensamiento. Podría ser una presentación, una conversación difícil o cualquier escenario en el que desees mejorar tu respuesta mental.

- Cierra los ojos y crea una imagen mental de la situación desafiante. Visualízate superándola con éxito. Imagina los detalles: el entorno, las personas implicadas y tu comportamiento seguro y tranquilo.

- Enriquece la visualización involucrando varios sentidos. Siente las sensaciones asociadas al éxito, escucha afirmaciones positivas o palabras de apoyo y experimenta las emociones ligadas a un resultado exitoso.

- Incorpora el monólogo interno positivo en la prueba. Sustituye los pensamientos negativos por afirmaciones y declaraciones constructivas. Por ejemplo, reemplaza "No puedo manejar esto" por "Soy capaz y puedo manejar esta situación".

- Practica la prueba cognitiva con regularidad. La repetición fortalece las vías neuronales asociadas a los resultados positivos, lo que hace más probable que tu mente adopte por defecto un estado de confianza y serenidad.

Ejemplo de escenario:

Escenario de sobrepensamiento: *Tengo una entrevista de trabajo y me preocupa quedarme paralizado o dar respuestas inadecuadas.*

Aplicar la prueba cognitiva:

- Identifica el reto: La entrevista de trabajo es el reto identificado.

- Visualiza el éxito: Imagínate respondiendo con confianza a las preguntas, manteniendo una buena postura y expresando tus cualificaciones eficazmente.

- Involucra tus sentidos: Siente el firme apretón de manos, oye las respuestas positivas del entrevistador y experimenta la satisfacción de una entrevista exitosa.

- Practica el monólogo interno positivo: Sustituye las dudas por afirmaciones como "Estoy bien preparado y tengo habilidades valiosas que ofrecer".

- Repite y refuerza: Repite habitualmente la prueba mental para reforzar las asociaciones positivas.

La prueba cognitiva es una herramienta proactiva que te permite afrontar los retos con una mentalidad positiva. Al ensayar mentalmente el éxito, puedes aumentar la confianza, reducir el sobrepensamiento y aumentar la probabilidad de lograr los resultados deseados.

Registro Positivo de Datos

El registro de datos positivos es una técnica de reestructuración cognitiva que consiste en llevar un registro de las experiencias positivas, los logros y las pruebas que cuestionan los pensamientos negativos. Al recopilar y revisar sistemáticamente los datos positivos, las personas pueden contrarrestar el pensamiento excesivo y construir una perspectiva más equilibrada y realista de sí mismos y de sus vidas.

Cómo Practicar el Registro de Datos Positivos

- Empieza por crear un espacio dedicado, ya sea un diario físico o un documento digital, para registrar las experiencias positivas. Puede ser una práctica diaria o cada vez que se produzca un acontecimiento positivo.

- Cada vez que te encuentres con un acontecimiento o logro positivo o recibas comentarios positivos, regístralo detalladamente. Incluye detalles concretos, como la fecha, lo que ocurrió y cómo te hizo sentir.

- Identifica los pensamientos negativos o las dudas sobre ti mismo que surgen normalmente. Cuando surjan, consulta tu registro de datos positivos para encontrar pruebas que desafíen o contradigan estas creencias negativas.

- Revisa y reflexiona regularmente sobre tu registro de datos positivos. Toma nota de los patrones, los temas recurrentes y las pruebas acumulativas de tus logros y experiencias positivas.

- No subestimes el valor de las pequeñas victorias. Registra incluso los momentos positivos aparentemente menores, ya que contribuyen a construir una mentalidad más positiva y resiliente.

Ejemplo de escenario:

Escenario de sobrepensamiento: *Dudo constantemente de mi capacidad para tener éxito en el trabajo, siento que no estoy haciendo ninguna contribución significativa.*

Aplicar el registro de datos positivos:

- Comienza un diario. Crea un diario dedicado al registro de datos positivos.

- Registra las experiencias positivas: anota los casos en los que recibiste comentarios positivos, completaste tareas con éxito o contribuyó positivamente a un proyecto.

- Desafía los pensamientos negativos: Cuando dudes de tus contribuciones, consulta el registro de datos positivos para obtener pruebas específicas de tus éxitos.

- Reflexiona sobre los logros: Revisa regularmente el registro de datos positivos para reforzar una autopercepción más positiva.

- Celebra las pequeñas victorias: Reconoce y registra incluso los pequeños logros, fomentando un sentimiento de logro.

El registro de datos positivos es una técnica práctica y basada en pruebas para combatir el sobrepensamiento. Al recopilar y reflexionar activamente sobre las experiencias positivas, las personas pueden remodelar tus patrones de pensamiento, aumentar tu autoestima y desarrollar una visión más optimista de tus capacidades.

Utilizar la Tecnología para Fomentar el Mindfulness: Aplicaciones Recomendadas

En la acelerada era digital, la tecnología puede ser un valioso aliado para cultivar el mindfulness y aplicar técnicas de reestructuración cognitiva. He aquí algunas apps recomendadas que pueden ayudarte a aplicar estas estrategias eficazmente:

Headspace

Funciones: Meditaciones guiadas, ejercicios de mindfulness, ayuda para dormir y planes de meditación personalizados.

Cómo ayuda: Headspace proporciona sesiones estructuradas de mindfulness, por lo que es adecuada tanto para principiantes como para practicantes experimentados. La aplicación ofrece ejercicios específicos para tratar problemas concretos, como el sobrepensamiento.

Calm

Funciones: Meditaciones guiadas, historias para dormir, música de relajación y ejercicios de movimiento consciente.

Cómo ayuda: Calm está diseñada para reducir el estrés y promover la relajación. Incluye meditaciones guiadas enfocadas en calmar la mente y fomentar el mindfulness. Las Historias para Dormir de la aplicación también pueden ayudar a dormir mejor, contribuyendo al bienestar mental general.

Insight Timer

Funciones: Temporizador de meditación, meditaciones guiadas de varios maestros y una variada biblioteca de prácticas de meditación.

Cómo ayuda: Insight Timer ofrece flexibilidad con su temporizador de meditación, permitiéndote personalizar las sesiones de acuerdo con tus preferencias. La aplicación también ofrece una serie de meditaciones guiadas que se enfocan en diferentes aspectos del mindfulness, incluidos los pensamientos y las emociones.

Waking Up with Sam Harris

Funciones: Meditaciones guiadas, lecciones sobre mindfulness y conversaciones sobre la conciencia.

Cómo ayuda: Desarrollada por el neurocientífico y filósofo Sam Harris, esta aplicación ofrece meditaciones guiadas y lecciones sobre el mindfulness que invitan a la reflexión. Explora la intersección entre ciencia, filosofía y meditación.

Reflectly

Funciones: Sugerencias para escribir un diario, seguimiento del estado de ánimo y comprensión de los patrones de pensamiento.

Cómo ayuda: Reflectly es un diario digital que incita a los usuarios a reflexionar sobre sus pensamientos y emociones. Llevar un diario puede ser una herramienta poderosa para la reestructuración cognitiva, ya que te permite identificar y enfrentar los patrones de pensamiento recurrentes.

He aquí algunos consejos útiles para utilizar las aplicaciones del mindfulness:

- Comprométete a utilizar la aplicación con regularidad para experimentar todos sus beneficios.

- Muchas apps ofrecen diversas funciones, así que explora sesiones guiadas, meditaciones y herramientas adicionales.
- Utiliza las apps de mindfulness junto con técnicas de reestructuración cognitiva para conseguir un enfoque global de la gestión del sobrepensamiento.

Integrar estas apps en tu rutina puede mejorar tu viaje de mindfulness y proporcionarte un apoyo cómodo siempre que lo necesites. Experimenta con distintas aplicaciones para encontrar las que más se ajusten a tus preferencias y objetivos.

Historias Reales, Cambios Reales: Historias de Éxito de la Terapia Cognitivo-Conductual

En el ámbito de la TCC, las historias de la vida real iluminan el poder transformador de este enfoque a la hora de gestionar los problemas de salud mental. Profundicemos en las experiencias de personas que, gracias a su resiliencia y a la guía de la TCC, superaron sus luchas.

Historia I: Liberarse de la Ansiedad

Conozcamos a una persona cuya batalla contra el trastorno de ansiedad generalizada surgió a raíz de sobrevivir a una relación abusiva. Sus miedos se manifestaban en una aversión a viajar o a cenar solo, junto con un miedo intenso a atragantarse. Gracias a la TCC, dejó de depender de mecanismos de afrontamiento como los dulces de menta, se aventuró a salir de forma independiente y reavivó las relaciones en los restaurantes. Al descubrir distorsiones cognitivas profundamente arraigadas, la TCC le empoderó para ir por la vida con una libertad recién descubierta (OptimistMinds, 2021).

Enseñanza para Ti

Si te encuentras enredado en miedos irracionales, valora la posibilidad de adoptar técnicas que desafíen y remodelen tus creencias. La exposición gradual, los juegos de rol y la práctica de la autoconfianza pueden ser herramientas poderosas para recuperar el control.

Historia II: Superar la Agorafobia Tras el Acoso Escolar

Había un individuo enérgico que se volvió ansioso y retraído debido a experiencias pasadas de acoso escolar. Esta persona luchaba contra la agorafobia, temiendo actividades como salir o solicitar trabajo. La TCC se convirtió en un catalizador del cambio, permitiéndole enfrentarse y desafiar sus creencias irracionales. Al final, triunfó sobre sus miedos, solicitó su primer empleo y redescubrió su yo extrovertido (OptimistMinds, 2021).

Enseñanza para Ti

Si los traumas del pasado proyectan sombras sobre tu presente, la TCC ofrece un enfoque estructurado para desafiar y replantear estas creencias negativas. Celebra tus victorias, por pequeñas que sean, y aprovéchalas para impulsarte.

Historia III: Reconstruir la Confianza Tras la Violencia Doméstica

Una sobreviviente de la violencia doméstica que luchaba contra el trastorno de estrés postraumático se enfrentaba a pesadillas, flashbacks y una sensación generalizada de desconfianza. La TCC se convirtió en un salvavidas a pesar de los retos iniciales de confianza y evaluación. Este individuo resurgió más fuerte, reavivando las conexiones sociales, aumentando la confianza y aceptando una nueva relación romántica (OptimistMinds, 2021).

Enseñanza para Ti

Si los problemas de confianza impiden tu progreso, admite que la TCC es un viaje. Comprométete con el proceso, por difícil que sea, y sé testigo de la transformación a medida que reconstruyes la confianza y redescubres las dichas de la vida.

Historia IV: Resiliencia Tras el Abandono Infantil

Una sobreviviente que luchaba contra la depresión y la baja autoestima derivadas del abandono infantil y de una relación abusiva encontró consuelo en la TCC. Al examinar las creencias fundamentales y enfrentar los pensamientos negativos, esta persona experimentó un aumento de la confianza en sí misma, reanudó sus actividades creativas y adoptó una perspectiva más optimista (OptimistMinds, 2021).

Enseñanza para Ti

Si las dudas sobre ti mismo nublan tu perspectiva, la TCC proporciona un esquema mental para desenredar los pensamientos negativos y fomentar una imagen positiva de ti mismo. Aplaude tus progresos, por graduales que sean, y redescubre la alegría en tus objetivos.

Historia V: Vencer la Ansiedad por la Salud

Tras la pérdida de un ser querido, la ansiedad por la salud de una persona tomó protagonismo, perturbando diversos aspectos de su vida. Gracias a su participación en la terapia, aprendió a reconocer y reestructurar los patrones de pensamiento inadaptados. Hoy, ya no vive con miedo, reorientando su atención hacia las relaciones, la carrera profesional y el crecimiento personal (OptimistMinds, 2021).

Enseñanza para Ti

Si las preocupaciones por la salud dominan tus pensamientos, la TCC te provee de herramientas para enfrentar los miedos irracionales y volver a enfocarte en una vida equilibrada y plena. Acepta el proceso de evaluación y reestructuración para lograr un cambio duradero.

Mientras exploras estas historias, recuerda que el camino de cada individuo es único. Tu viaje con la TCC es una exploración personal y, con compromiso y resiliencia, también puedes reescribir tu historia y fomentar un cambio positivo. Ya sea superando miedos, reconstruyendo la confianza o conquistando la duda sobre ti mismo, la TCC es una compañera versátil en tu camino hacia el bienestar mental.

Reflexión sobre Casos Prácticos

Mientras profundizas en las historias personales de quienes han triunfado sobre los retos de la salud mental gracias a la TCC, valora las siguientes indicaciones para conectar tus experiencias con la tuya propia:

Identificar el Reto Principal

- ¿A qué reto principal se enfrentaba el individuo del estudio de caso?

- ¿Puedes reconocer algún patrón de pensamiento negativo asociado a este desafío?

- ¿Qué técnicas o estrategias empleó el individuo para replantear sus pensamientos?

- ¿Hay algún método que aún no hayas probado?

Resultados y Beneficios

- Observa los resultados de la reestructuración cognitiva para el individuo: ¿cómo benefició a su bienestar emocional, sus relaciones o su carrera?

- ¿Puedes prever beneficios similares en tu propia vida?

Relacionabilidad Personal

- Identifica elementos en el estudio de caso que resuenen con tus propias experiencias.

- ¿Qué aspectos encuentras relacionables o similares a tus retos?

Rol del Sistema de Apoyo

- ¿Hubo un sistema de apoyo implicado en la transformación del individuo?
- ¿Cómo influyó este sistema de apoyo en el resultado?

Superar los Altibajos

- Explora los contratiempos u obstáculos a los que se enfrentó el individuo y cómo los superó.
- ¿Puedes establecer paralelismos con retos que hayas encontrado o preveas?

Implicación Profesional

- ¿Participaron profesionales, como terapeutas o coaches, en el viaje del individuo?
- ¿Qué papel desempeñaron estos profesionales en el progreso del individuo?

Enseñanzas e Ideas Clave

- Anota cualquier conclusión o idea clave obtenida del estudio de caso.
- ¿Cómo podrían aplicarse a tu propia situación?

Plan de Acción

- Elabora un plan de acción basado en lo que has aprendido.
- ¿Qué pasos darás para iniciar tu propio proceso de reestructuración cognitiva?
- Reflexiona sobre cómo ha influido el estudio de caso en tu comprensión de la reestructuración cognitiva.
- ¿Te ha hecho estar más dispuesto a probarla? ¿Por qué sí o por qué no?

Al concluir nuestra exploración de la reestructuración cognitiva, es evidente que te encuentras al borde de un viaje transformador. Comprender y aplicar la reestructuración cognitiva sienta una base sólida para el capítulo que sigue. Ahora, prepárate para el siguiente paso crucial: equiparte con un variado conjunto de herramientas meticulosamente elaboradas para conquistar el sobrepensamiento de una vez por todas.

A medida que nos adentramos en el arsenal de estrategias y técnicas que te esperan, recuerda que cada herramienta está diseñada para empoderarte, proporcionándote perspectivas y enfoques únicos adaptados a tus necesidades individuales. Prepárate para explorar el rico panorama del bienestar mental, armado con el conocimiento y las habilidades para navegar por él con resiliencia y fortaleza. La aventura continúa, y estás a la vanguardia, listo para adoptar las herramientas que darán forma a tu camino hacia el bienestar mental duradero.

Capítulo 8
Establecer Límites

Nat Towsen, un ingenioso cómico, compartió una vez su lucha contra el sobrepensamiento en un número de monólogos. Describió con humor cómo tenía un don para desentrañar la alegría de las cosas buscando incesantemente defectos. Relató un incidente en el que se encontró sobreanalizando la invitación a la despedida de soltero de un amigo, cuestionando su significado y dinámica.

"No tengo una respuesta para eso, pero por suerte voy a terapia dos veces por semana porque no eres mejor que yo", bromeó, reconociendo su tendencia a sobrepensar.

Más tarde compartió una esclarecedora conversación con su terapeuta, que le explicó: "Cuando estás en tu cabeza, buscando un defecto en las cosas, no estás experimentando empatía. No estás pensando en la gente que te rodea. Y por eso, si quieres ser una persona empática en el mundo, tienes que estar más presente y practicar la empatía en lugar de ser tan emocional y negativo" (The Story Collider, 2023b).

El viaje de Nat, aunque desenfadado en su presentación, toca la fibra sensible de muchos que se encuentran enredados en la red del sobre pensamiento. Surge la pregunta: ¿Cómo podemos liberarnos de este ciclo y establecer límites que protejan nuestro bienestar mental?

Establecer Límites Emocionales para el Bienestar Mental

Los límites emocionales son las líneas invisibles que trazamos para proteger nuestro bienestar emocional y mantener un equilibrio saludable en nuestras relaciones e interacciones. Estos, definen los límites de aquello con lo que nos sentimos cómodos, guiando la forma en que nos relacionamos con los demás y, lo que es más importante, cómo gestionamos nuestros pensamientos y emociones internos. Establecer límites emocionales es un aspecto crucial para reducir el sobrepensamiento, ya que nos permite superar las situaciones sociales y personales con claridad y resiliencia.

Los límites emocionales actúan como filtros, ayudándonos a discernir qué emociones y pensamientos nos pertenecen y cuáles son influencias externas. Al reconocer y categorizar estas entradas, conservamos energía mental que de otro modo gastaríamos en un sobreanálisis innecesario.

Establecer límites emocionales fomenta la autoconciencia al incitarnos a reflexionar sobre nuestros sentimientos y reacciones. Esta autoconciencia es una herramienta poderosa para identificar patrones de pensamiento excesivo, lo que nos permite intervenir y reorientar nuestros pensamientos de forma más constructiva.

Pensar en exceso suele ser el resultado de una afluencia abrumadora de emociones, que provoca ansiedad y estrés. Los límites emocionales sirven de escudo protector, ayudándonos a absorber solo lo que es manejable y a desarrollar gradualmente la resiliencia emocional a lo largo del tiempo.

Unos límites emocionales claros contribuyen a relaciones más sanas y satisfactorias. Permiten una comunicación abierta a medida que los individuos comprenden y respetan los límites emocionales de los demás. Esto disminuye los malentendidos y la necesidad de un procesamiento mental excesivo en la dinámica interpersonal.

Establecer e Imponer Límites Emocionales: Una Guía Paso a Paso

Establecer y mantener límites emocionales es un viaje empoderador hacia un mejor bienestar mental. A continuación, te ofrecemos una serie de pasos prácticos que te ayudarán a establecer estos límites y a superar los desafíos que surgen cuando se cruzan:

Paso 1: Autorreflexión y Concientización

Empieza por comprender tus emociones. Reflexiona sobre las situaciones que desencadenan malestar o pensamientos excesivos. Identifica las emociones específicas que experimentas en estos casos.

Paso 2: Aclara Tus Necesidades y Límites

Define lo que necesitas emocionalmente para sentirte seguro y contento. Ten claros tus límites y qué comportamientos o comentarios los cruzan. Conocer tus necesidades es la base para establecer unos límites eficaces.

Paso 3: Comunícate Abiertamente

Expresa claramente tus sentimientos y límites a quienes te rodean. Utiliza frases con "yo" para comunicar tus emociones y necesidades sin culpar a los demás. Por ejemplo, di: "Yo me siento incómodo cuando..." o "Yo necesito espacio para...".

Paso 4: Practica la Asertividad

Aprender a decir no es un aspecto esencial del establecimiento de límites emocionales. La asertividad te permite comunicar tus límites con firmeza y respeto. Practica decir no de forma directa pero considerada.

Paso 5: Da Prioridad al Autocuidado

Haz del cuidado personal una parte no negociable de tu rutina. Establece actividades que rejuvenezcan y alimenten tu bienestar emocional. Da prioridad a estas actividades para mantener un equilibrio saludable en tu vida.

Paso 6: Controla Tu Estado Emocional

Verifica regularmente tu estado emocional. Presta atención a cualquier señal de malestar o estrés. Si notas que las emociones negativas se intensifican, puede ser un indicio de que tus límites están siendo puestos a prueba.

Qué Hacer Cuando se Cruzan los Límites

Reconocer la Ruptura

Reconocer cuándo ha sido cruzados tus límites emocionales. Sé consciente de las emociones y pensamientos desencadenados por la transgresión.

Retrocede

Cuando se traspasen los límites, date el espacio necesario para procesarlo. Está bien dar un paso atrás, respirar profundamente y evaluar la situación antes de responder.

Comunícate con Firmeza

Aborda la cuestión directamente, pero con calma. Comunica claramente que se ha cruzado un límite y expresa cómo te hizo sentir. Utiliza un lenguaje asertivo para reforzar la importancia de tu bienestar emocional.

Reevalúa y Ajusta

Evalúa si la transgresión fue un hecho puntual o un patrón. Si es necesario, reevalúa tus límites y valora la posibilidad de realizar ajustes. Es un proceso iterativo que te permite perfeccionar tus límites emocionales a lo largo del tiempo.

Busca Apoyo

No dudes en buscar el apoyo de amigos, familiares o un terapeuta. Hablar de tus experiencias y sentimientos con otras personas puede proporcionarte valiosos puntos de vista y apoyo emocional.

Recuerda que establecer límites emocionales es una práctica continua. Se trata de honrar tus necesidades emocionales y construir resiliencia. Sé paciente contigo mismo mientras navegas en este viaje hacia una vida emocional más sana y equilibrada.

Empoderarte: Decir No Sin Sentirte Culpable

Aprender a decir no es una habilidad trascendental para mantener tu bienestar y establecer límites saludables. Está bien que te des prioridad a ti mismo y a tus necesidades. He aquí algunos consejos sobre cómo decir no sin sentirse culpable:

Conoce Tus Prioridades

Antes de comprometerte a nada, aclara tus prioridades. Comprende lo que realmente te importa y alinea tus elecciones con tus valores. Esta claridad hace que sea más fácil rechazar peticiones que no se alinean con tus prioridades.

Practica la Autocompasión

Reconoce que decir no, no es un acto egoísta sino uno de autocuidado. Sé amable contigo mismo y comprende que establecer límites es una parte necesaria para mantener el equilibrio en tu vida.

Sé Directo y Honesto

Cuando digas que no, sé directo y honesto sobre tus razones. No necesitas dar demasiadas explicaciones ni detalles excesivos. Una respuesta simple y directa suele ser más eficaz.

Utiliza Frases con "Yo"

Enmarca tu respuesta utilizando enunciados "yo" para expresar tus sentimientos y necesidades. Por ejemplo, di: "Agradezco tu invitación, pero necesito priorizar algo de tiempo personal en este momento".

Ofrece Alternativas (Si Es Pertinente)

Si rechazar una petición puede incomodar a los demás, considera la posibilidad de ofrecer alternativas o compromisos. Esto demuestra que valoras la relación o la tarea pero que necesitas encontrar una solución que funcione para ambas partes.

Practica el Decir No

Decir que no es una habilidad que mejora con la práctica. Empieza con situaciones de poco riesgo y ve aumentando gradualmente. Cuanto más practiques, más seguro y cómodo te sentirás.

Concéntrate en Tu Bienestar

Recuérdate a ti mismo que decir no es una forma de autocuidado. Tu bienestar es importante y está bien darle prioridad. Cuando dices no, estás dejando espacio para actividades y relaciones que realmente te importan.

Maneja la Culpa con Perspectiva

Cambia tu perspectiva sobre la culpa. En lugar de verla como una emoción negativa, vela como una señal de que te estás cuidando. Reflexiona sobre los beneficios a largo plazo de establecer límites.

Ten en cuenta que decir no es una habilidad que contribuye a una vida más sana y equilibrada. Acepta el poder de establecer límites y no dudes en ponerte en primer lugar cuando sea necesario.

Atravesar la Sobrecarga de Información: Establecer Límites Informativos

En la era digital actual, nos bombardean constantemente con información procedente de diversas fuentes: redes sociales, medios de comunicación, correos electrónicos y mucho más. Aunque mantenerse informado es clave, un exceso de información puede llevarnos a sobrepensar y a la fatiga mental. Exploremos cómo manejar el flujo de información es esencial para tu bienestar mental.

- Tómate un momento para reflexionar sobre la cantidad de información que encuentras a diario. Ya se trate de actualizaciones de noticias, publicaciones en redes sociales o correos electrónicos relacionados con el trabajo, el mero volumen puede resultar abrumador. Esta afluencia constante puede contribuir al estrés y a sobrepensar.

- Cuando estamos expuestos a una abundancia de información, nuestras mentes suelen analizar, interpretar y, a veces, sobreanalizar. La afluencia de datos puede llevarnos a pensar en exceso mientras nos esforzamos por procesar y dar sentido a todo ello. Esto, a su vez, puede contribuir al estrés, la ansiedad y una sensación de fatiga mental.

- Al establecer límites informativos, te capacitas para navegar por el panorama digital con mayor facilidad y protege tu espacio mental del desorden innecesario. Recuerda, no se trata de desconectarse por completo, sino de fomentar una relación sana con la información que te rodea.

Filtrar las Noticias

En un mundo lleno de constantes actualizaciones de noticias, establecer límites en torno a la información que consumes es fundamental para mantener el bienestar mental. Si descubres que las noticias te hacen sobrepensar, aquí tienes unos pasos prácticos que te ayudarán a filtrar y gestionar tu consumo de noticias:

- Comienza por identificar tu propósito para consumir noticias. ¿Buscas mantenerte informado sobre la actualidad, o más bien sobre temas específicos? Aclarar tus objetivos te guiará a la hora de filtrar las noticias que se ajustan a tus intereses.

- Elige fuentes de noticias acreditadas e imparciales. Asegúrate de que los medios que sigues dan prioridad a la información veraz. Evita las fuentes que hagan sensacionalismo o perpetúen un estado de crisis constante, ya que pueden contribuir a que sobrepienses.

- Asigna intervalos de tiempo dedicados al consumo de noticias y apégate a ellos. Por ejemplo, puedes optar por ponerte al día con los titulares durante el café de la mañana o asignar un breve periodo por la tarde. Limitar el tiempo dedicado a las noticias ayuda a evitar la sobrecarga de información.

- Desactiva las notificaciones de noticias no esenciales en tus dispositivos. Las constantes alertas pueden crear una sensación de urgencia y contribuir a sobrepensar. En su lugar, elige momentos específicos para comprobar las actualizaciones cuando estés mentalmente preparado.

- Revisa y selecciona regularmente tus fuentes de noticias. Da de baja los canales o plataformas que te provoquen ansiedad o te hagan sobrepensar. Personaliza tus noticias para incluir temas que realmente te interesen.

- Obtén una perspectiva completa diversificando tus fuentes de noticias. Incluye medios con diferentes posturas editoriales y perspectivas internacionales. Este enfoque proporciona una visión más completa y reduce el riesgo de prejuicio.

- Designa al menos un día a la semana como día "sin noticias". Desconectarse de las actualizaciones de las noticias permite que tu mente descanse y evita la acumulación de estrés. Utiliza este tiempo para actividades que te aporten alegría y relajación.

- Antes de reaccionar emocionalmente ante una noticia, tómate un momento para comprobar los hechos. La desinformación puede contribuir al sobrepensamiento y al estrés. Verifica la exactitud de la información en varias fuentes fiables.

- Esfuérzate por conseguir una mezcla equilibrada de temas informativos. Aunque es esencial mantenerse informado sobre los acontecimientos mundiales, incluye también noticias positivas y edificantes. Una dieta de noticias bien equilibrada puede contribuir a una mentalidad más optimista.

- Sé consciente de tu estado emocional cuando se relacione con las noticias. Si te das cuenta de que un tema concreto te provoca constantemente pensamientos excesivos, considera la posibilidad de limitar tu exposición a ese contenido específico. Tu salud mental tiene prioridad.

Filtra las Redes Sociales

En la era de la conectividad constante, las redes sociales pueden ser una herramienta valiosa o una fuente de información agobiante. Si descubres que las redes sociales desencadenan pensamientos excesivos o repercuten negativamente en tu bienestar mental, considera la posibilidad de poner en práctica las siguientes estrategias para filtrar tu experiencia en las redes sociales:

- Define claramente tus intenciones al utilizar las redes sociales. ¿Buscas conexión, información o entretenimiento? Comprender tus prioridades te ayudará a adaptar su uso de redes sociales en consecuencia.

- Revisa periódicamente tu lista de amigos y seguidores. Deja de seguir o silencia las cuentas que compartan constantemente contenidos que induzcan al estrés o a sobrepensar. Da prioridad a las conexiones que contribuyan positivamente a tu experiencia en línea.

- Utiliza las funciones que ofrecen las plataformas de redes sociales para organizar tu feed. Crea listas o grupos para organizar tus conexiones de acuerdo con tus intereses. Esto te permite optimizar tu contenido y enfocarte en lo que más te importa.

- Establecer límites de tiempo específicos para el uso de las redes sociales. Utilizas las funciones integradas en la aplicación o aplicaciones externas para realizar un seguimiento y gestionar el tiempo que pasas frente a la pantalla. Establecer límites a la duración de tu participación en redes sociales ayuda a evitar la sobrecarga de información.

- Designa días o fines de semana regulares para una "desintoxicación de redes sociales". Desconectarse periódicamente te permite reprogramarte y reduce el riesgo de sumergirte demasiado en los contenidos en línea.

- Desactiva las notificaciones no esenciales para minimizar las interrupciones. Las alertas constantes pueden contribuir a una sensación de urgencia y distraer del momento presente. Elige momentos específicos para comprobar tus notificaciones con atención.

- Desuscríbete de grupos, páginas o cuentas que ya no coincidan con tus intereses o valores. Evalúa regularmente el contenido que aparece en tu feed y elimina las fuentes que contribuyan a la negatividad o a sobrepensar.

- Considera limitar tu presencia a plataformas de redes sociales específicas que se alineen con tus objetivos. Si una plataforma especifica te lleva sistemáticamente a sobrepensar, evalúa si tu compromiso es esencial.

Filtrar las Conversaciones

En el ámbito de la comunicación interpersonal, establecer límites en torno a las conversaciones es un aspecto esencial para mantener el bienestar mental. He aquí algunos consejos prácticos para filtrar las conversaciones y minimizar el riesgo de sobrepensar:

- Aprende a negarte educadamente a participar en conversaciones que preveas que te provocarán estrés o te llevarán a pensar demasiado. Es aceptable redirigir las conversaciones lejos de los temas que puedan afectar negativamente a tu estado mental.

- Utiliza la escucha activa para valorar el rumbo de una conversación. Si percibes que una conversación se está desviando hacia un terreno que podría desencadenar un exceso de pensamiento, decide conscientemente si deseas participar atentamente o retirarte con elegancia.

- Elabora una lista de temas o frases que sabes que pueden desencadenar el sobrepensamiento. Comparte esta lista con amigos o familiares de confianza, para que te ayuden a alejar las conversaciones de estas áreas delicadas.

- Rodéate de personas que sean consideradas y respetuosas con tus límites emocionales. Fomenta relaciones en las que la comunicación abierta permita la comprensión mutua de los límites del otro, promoviendo un entorno de apoyo y positivo.

- Asigna momentos específicos para designar un "tiempo de preocupación" en el que te permitas contemplar las cuestiones que te causan angustia. Al limitar el sobrepensamiento a estos periodos dedicados, puedes crear límites mentales y filtrar las discusiones inútiles durante el resto del día.

Comprender los Hábitos e Incorporar el "Apilamiento de Hábitos" para los Sobrepensadores

A medida que navegamos por el concepto de sobrepensamiento, se hace evidente que nuestros hábitos desempeñan un papel crucial en la formación de nuestro panorama mental. Los hábitos, profundamente arraigados en nuestras rutinas diarias, influyen en la forma en que procesamos los pensamientos y las emociones. En este capítulo, exploraremos la ciencia que hay detrás de los hábitos e introduciremos un enfoque estratégico —el "Apilamiento de Hábitos"— adaptado a aquellos de nosotros propensos a pensar en exceso.

Nuestras mentes prosperan con los hábitos, esas respuestas automáticas entretejidas en nuestra vida cotidiana. Para desglosar la complejidad de estos hábitos, nos adentramos en el bucle del hábito: señal, rutina, recompensa. Reconocer este bucle proporciona una hoja de ruta para remodelar nuestros hábitos, ofreciendo esperanza a quienes buscan liberarse de las cadenas del sobrepensamiento.

- **Señal:** el desencadenante que pone en marcha el hábito, a menudo ligado a momentos o estados emocionales específicos.

- **Rutina:** el comportamiento habitual en sí, profundamente arraigado en las vías neurológicas.

- **Recompensa:** el refuerzo positivo que solidifica el bucle del hábito.

Para aquellos de nosotros con tendencia a sobrepensar, comprender y modificar los hábitos puede suponer un cambio de juego. Identificar las señales, ajustar las rutinas y conservar las recompensas nos permiten remodelar nuestros hábitos mentales de forma eficaz.

Para las personas predispuestas a pensar en exceso, los hábitos se convierten a menudo en los hilos invisibles que guían nuestros pensamientos y reacciones. Identificar las señales que desencadenan el sobrepensamiento, las rutinas que lo refuerzan y las recompensas que solidifican el bucle nos capacita para intervenir y redirigir nuestros patrones mentales. Esta ingeniosa estrategia aprovecha el poder de los hábitos existentes para integrar a la perfección hábitos nuevos y positivos en nuestras vidas. Adaptado a las personas que piensan demasiado, es un enfoque práctico para incorporar prácticas de mindfulness sin alterar las rutinas establecidas.

Emprender el viaje del apilamiento de hábitos es inmensamente prometedor para remodelar el panorama de tus pensamientos y acciones. Naveguemos juntos por este proceso transformador con una hoja de ruta clara y adaptada a los sobrepensadores.

Paso 1: Identificar Hábitos de Anclaje

Tiempo de reflexión: Haz una pausa consciente para reconocer tus hábitos actuales, especialmente los que están conectados con tus patrones de pensamiento excesivo.

Diario de exploración: Lleva un diario de hábitos durante una semana, anotando los casos de sobrepensamiento. Identifica las señales y rutinas recurrentes.

Paso 2: Seleccionar Nuevos Hábitos

Prácticas de mindfulness: Elige hábitos que promuevan el mindfulness, como la respiración profunda, sesiones breves de meditación o ejercicios de concientización.

Actividad física: Integra hábitos como estiramientos, un paseo corto o ejercicios rápidos para romper el ciclo de rumiación mental.

Paso 3: Apila Hábitos

Integración perfecta: Coloca los nuevos hábitos inmediatamente después de tus hábitos de anclaje identificados, garantizando una transición fluida de la antigua rutina a la nueva.

Señales visuales: Utiliza señales visuales o recordatorios, como notas adhesivas o alarmas digitales, para impulsar el inicio de los hábitos apilados.

Paso 4: Empezar Poco a Poco

Microhábitos: Acepta el poder de los microhábitos. Comienza con pequeños incrementos para evitar agobiarte con cambios significativos.

Ajustes progresivos: Aumenta gradualmente la duración o la complejidad de los hábitos apilados a medida que se arraiguen en tu rutina.

Consejos para la Constancia

- Programa las sesiones de acumulación de hábitos en momentos constantes de tu día, integrándolas perfectamente en tu rutina actual.

- Comparte tus objetivos de creación de hábitos con un amigo o familiar de confianza. Tener un compañero que le rindas cuentas puede proporcionarte ánimo y apoyo.

- Evalúa periódicamente la eficacia de tu acumulación de hábitos. Si ciertas combinaciones resultan ser más impactantes, perfecciona tu enfoque consecuentemente.

- Reconoce y celebra las pequeñas victorias a lo largo del camino. Identifica los cambios positivos en tus patrones de pensamiento y mentalidad.

A medida que profundices en el ámbito del apilamiento de hábitos, recuerda que se trata de una expedición personalizada. Adapta el proceso a tus necesidades, experimenta con distintas combinaciones y acepta la evolución de tus hábitos a lo largo del tiempo.

Desbloquear el Bienestar para una Mente Más Tranquila: Alimentar la Conexión Cuerpo-Mente

En nuestra exploración de la conquista del sobrepensamiento, nos aventuramos ahora en la profunda confluencia de la salud física y el bienestar mental. Desentrañemos la relación dinámica entre el ejercicio, el sueño, la nutrición y la tranquilidad de tu mente.

Practicar una actividad física regular no es solo esculpir tu cuerpo; es un potente elixir para tu mente. Ha sido demostrado científicamente que el ejercicio libera endorfinas, los elevadores naturales del estado de ánimo de tu cerebro. Abordar el sobrepensamiento puede ser tan sencillo como un paseo a paso ligero, una sesión de baile o una práctica de yoga.

El sueño de calidad es un eje para la resiliencia mental. La falta de sueño puede magnificar las tendencias al pensamiento excesivo.

Además, la nutrición desempeña un papel fundamental en la función cognitiva. Un cerebro bien alimentado está mejor equipado para manejar los factores estresantes.

Aprovechar el Poder del Ejercicio

Emprender un viaje para controlar el pensamiento excesivo es un esfuerzo admirable, e integrar la actividad física en tu rutina puede ser un poderoso catalizador del bienestar mental. Exploremos ejercicios que no solo benefician a tu cuerpo, sino que también contribuyen a una mente más tranquila y calmada.

Caminar o Correr con Atención

Da un paseo o sal a correr, pero con un giro: involucra plenamente tus sentidos. Nota la sensación de cada paso, el ritmo de tu respiración y las vistas que te rodean. Este enfoque consciente puede anclarte al momento presente, reduciendo el parloteo mental.

Yoga para la Armonía Mente-Cuerpo

Tanto si eres un yogui experimentado como un principiante, la práctica del yoga fomenta una profunda conexión entre tu cuerpo y tu mente. Las posturas de yoga, combinadas con la respiración consciente, favorecen la relajación y alivian la tensión asociada al sobrepensamiento.

Terapia de Baile

Reproduce tu música favorita y permítete mover libremente. Baila sin juzgar, expresándote físicamente. Bailar libera endorfinas, levanta el ánimo y da salida a las emociones reprimidas.

Correr

La naturaleza rítmica de correr puede actuar como una meditación en movimiento. Concéntrate en la cadencia de tus pasos y en la sensación de tu respiración. Correr libera endorfinas, mejorando tu estado de ánimo y creando una sensación de logro.

Yoga

El yoga hace hincapié en la integración de la respiración y el movimiento. Realiza las posturas atentamente, fomentando una conexión profunda entre tu cuerpo físico y tu estado mental.

Se ha demostrado que el yoga disminuye los niveles de cortisol, reduce el estrés y favorece la calma mental.

Senderismo

El senderismo te permite sumergir en la naturaleza. Las vistas, los sonidos y los olores contribuyen a una experiencia de enraizamiento. Utiliza el senderismo como un momento de soledad. Reflexiona sobre tus pensamientos y observa cómo el entorno natural influye en tu estado mental.

Levantar Pesas

Tanto si levanta pesas como si realizas ejercicios de peso corporal, concéntrate en la forma adecuada. Este enfoque consciente compromete tanto el cuerpo como la mente. El entrenamiento de fuerza puede infundirte una sensación de empoderamiento, influyendo positivamente en tu autopercepción y resistencia mental.

Dar Paseos Largos

Caminar proporciona una forma más suave de ejercicio. Da paseos tranquilos, prestando atención a tu entorno y a la sensación de cada paso. Utiliza los paseos como una oportunidad para la observación consciente. Fíjate en los detalles de tu alrededor y libera los pensamientos acelerados.

Nadar

Nadar implica movimientos rítmicos y fluidos. Acepta la sensación del agua y concéntrate en tu respiración. La flotabilidad del agua y la naturaleza rítmica de la natación crean un entorno relajante que favorece la calma mental.

Bailar

Bailar es una forma de autoexpresión. Muévete libremente, desinhibiéndote, y deja que la música guíe tus movimientos. Bailar induce a la alegría y puede ser una liberación catártica de las emociones, ofreciendo alivio del sobrepensamiento.

Al embarcarse en esta exploración del movimiento, recuerda que la clave no es la perfección sino la presencia. Observa cómo influye cada actividad en tu panorama mental y elige aquellas que resuenen contigo. El viaje hacia una mente más tranquila es único para cada individuo, así que disfruta la experiencia.

El objetivo no es la perfección ni presionarse hasta el extremo. Se trata de cultivar una relación armoniosa entre tu salud física y mental. A medida que realices estos ejercicios, observa cómo intervienen en tus pensamientos y emociones. Celebra las pequeñas victorias y, lo que es más importante, disfruta el viaje hacia una mente más tranquila.

La relación entre el sueño y el bienestar mental es profunda, y comprender cómo los patrones de sueño pueden mitigar el pensamiento excesivo es un aspecto clave para fomentar una mente más sana.

La Conexión Entre Sobrepensamiento y Sueño

La falta de sueño adecuado no solo nos deja tambaleantes, sino que afecta significativamente a nuestras funciones cognitivas, incluidas la toma de decisiones y el control emocional. Pensar en exceso tiende a prosperar en una mente fatigada, amplificando las preocupaciones y creando un bucle difícil de romper.

He aquí algunas estrategias para dormir mejor y detener el sobrepensamiento:

- Acostarse y levantarse a la misma hora todos los días ayuda a regular el reloj interno de tu cuerpo, promoviendo una mejor calidad del sueño.

- Realiza actividades calmantes antes de acostarte, como leer un libro, practicar técnicas de relajación o estiramientos suaves. Esto indica a tu cuerpo que es hora de relajarse.

- Mantén tu dormitorio propicio para el sueño asegurándote de que esté oscuro, fresco y cómodo. Invierte en cortinas opacas y ropa de cama cómoda para pasar una noche tranquila.

- Reduce al mínimo el consumo de cafeína por la tarde y por la noche. Además, disminuye el tiempo de pantalla al menos una hora antes de acostarse, ya que la luz azul emitida puede interferir en la producción de melatonina.

- La actividad física regular contribuye a dormir mejor. Sin embargo, intenta realizar entrenamientos intensos a primera hora del día y opta por actividades relajantes más cerca de la hora de acostarse.

- Evita las comidas pesadas cerca de la hora de acostarse. Elige una cena equilibrada que incluya carbohidratos complejos, proteínas y una cantidad moderada de grasas saludables.

- Incorpora prácticas de mindfulness y relajación, como la respiración profunda o la relajación muscular progresiva a tu rutina antes de acostarse para entrar en un estado de calma mental.

Tómate un momento para reflexionar sobre tus patrones de sueño actuales y considera los pequeños ajustes que puedes hacer. Experimenta con estas estrategias y observa cómo los cambios en tu rutina de sueño repercuten en tu tendencia a pensar demasiado. Recuerda, el objetivo no es la perfección sino el progreso.

La Sinfonía Nutricional del Bienestar Mental

Los alimentos que consumimos sirven de combustible no solo para nuestro cuerpo sino también para nuestro cerebro, influyendo en el estado de ánimo, la cognición y el bienestar mental general. Profundicemos en la relación simbiótica entre nutrición y salud mental, revelando consejos dietéticos que pueden convertirse en piedras angulares en tu viaje hacia una mente más sana.

Comprender cómo afectan ciertos nutrientes a la función cerebral es un paso primordial para aprovechar el poder de la nutrición para la salud mental. He aquí los actores clave de esta sinfonía nutricional:

Ácidos Grasos Omega-3

Nutrición cerebral: Presentes en el pescado graso, semillas de lino y nueces, los omega-3 contribuyen a la estructura y la función cerebrales. Considera la posibilidad de incorporarlos a tu dieta para favorecer la salud cognitiva.

Carbohidratos Complejos

Liberación constante de energía: Los cereales integrales, legumbres y verduras proporcionan una liberación constante de glucosa, esencial para mantener una función cerebral óptima. Elígelos en lugar de los carbohidratos refinados para obtener una energía sustentable.

Fuentes de Proteínas

Poder de los aminoácidos: Las proteínas aportan aminoácidos cruciales para la producción de neurotransmisores. Incluye carnes magras, lácteos, legumbres y productos de soya para garantizar una ingesta equilibrada.

Alimentos Ricos en Antioxidantes

Guardianes de las células cerebrales: Las frutas y verduras de colores, ricas en antioxidantes, ayudan a combatir el estrés oxidativo, el cual puede contribuir al deterioro mental. Las bayas, verduras de hoja verde y chocolate negro son excelentes opciones.

Hidratación

Consumo consciente de agua: Incluso una deshidratación leve puede afectar al estado de ánimo y a la función cognitiva. Asegúrate de que te mantienes adecuadamente hidratado incorporando agua, infusiones y alimentos ricos en agua a tu rutina diaria.

Vitaminas y Minerales

Micronutrientes esenciales: Nutrientes como las vitaminas del grupo B (presentes en los cereales integrales, frutos secos y verduras de hoja verde) y el magnesio (presente en los frutos secos, semillas y verduras de hoja verde) desempeñan papeles vitales en la función cognitiva y el control del estado de ánimo.

Consejos Dietéticos para Estar Mentalmente Nutrido

- Procura consumir una gran variedad de frutas y verduras para maximizar el espectro de nutrientes que reciben tu cuerpo y cerebro.

- Distribuye tus comidas y tentempiés equitativamente a lo largo del día para mantener un suministro constante de nutrientes y energía.

- Fomenta un enfoque equilibrado de la alimentación que haga hincapié en la moderación y no en la privación estricta. Permítete disfrutar tus caprichos favoritos con moderación.

- Presta atención a las señales de tu cuerpo. Come cuando tengas hambre y para cuando estés satisfecho. Este enfoque consciente fomenta una relación sana con la comida.

- Considera la posibilidad de consultar a un nutricionista o especialista para adaptar las recomendaciones dietéticas a tus necesidades y preferencias particulares.

En este viaje nutricional, recuerda que los cambios pequeños y sustentables pueden conducir a mejoras significativas en el bienestar mental. Tu relación con la comida es una parte integral de tu kit de herramientas de autocuidado, y al tomar decisiones informadas, te fortaleces tanto cuerpo como en mente.

Cómo Elaborar Tu Kit de Herramientas Contra la Sobrealimentación

Ahora que has recorrido los capítulos, absorbido ideas y realizado ejercicios prácticos, ha llegado el momento de elaborar tu kit de herramientas personalizado contra el sobrepensamiento. Este kit te servirá como depósito de las estrategias, ejercicios y reflexiones que más resuenen contigo, asegurándote un fácil acceso a las herramientas que te hayan resultado más benéficas. Empecemos a reunir tu kit de herramientas:

Paso 1: Prepara Tu Espacio de Herramientas

Elige un cuaderno específico, un documento digital o una combinación de ambos para albergar tu arsenal antipensamiento. En este espacio recopilarás los puntos clave, los ejercicios y las reflexiones de cada capítulo.

Paso 2: Sintetiza las Ideas Principales

Para cada capítulo, anota las ideas y estrategias clave que te hayan resonado. Capta la esencia de las lecciones que has aprendido y sintetízalas en puntos claros y procesables. Este resumen será tu guía de referencia rápida para combatir el sobre pensamiento.

Paso 3: Anota Tus Reflexiones Personales

Incorpora tus reflexiones personales sobre los ejercicios que has realizado. ¿Qué pensamientos surgieron durante las prácticas de mindfulness? ¿Cómo afectó la reestructuración cognitiva a tu percepción? Reflexionar sobre tus experiencias añade un toque personalizado a tu kit de herramientas.

Paso 4: Recopilar Entradas de Gratitud

Si participaste en ejercicios de gratitud, transfiere las entradas significativas a tu kit de herramientas. Llevar un diario de gratitud puede ser una herramienta poderosa para desviar la atención de los pensamientos excesivos. Tener estos momentos positivos al alcance de la mano proporciona un impulso instantáneo al estado de ánimo.

Paso 5: Incluye Hojas de Ejercicios de Reestructuración Cognitiva

Si realizas ejercicios de reestructuración cognitiva, asegúrate de que tu kit de herramientas incluya las hojas de trabajo o plantillas que te proporcionen. Estos recursos pueden guiarte en futuros escenarios de sobrepensamiento.

Paso 6: Registra las Reflexiones de los Estudios de Caso

Si has explorado estudios de casos reales, anota tus reflexiones. ¿Cómo resonaron las experiencias de los demás con tus propios retos? Extrae ideas que puedas aplicar a tus patrones de sobrepensamiento.

Paso 7: Añade Tu Plan de Acción Personal

Si has completado los ejercicios de reflexión sobre la aplicación de estrategias a tu vida, incluye tu plan de acción en el kit de herramientas.

Esto se convierte en una hoja de ruta para aplicar los cambios y crear hábitos.

Paso 8: Incorporar Tu Plan de Nutrición y Ejercicio

Si has profundizado en las recomendaciones sobre nutrición y ejercicio, esboza un plan conciso en tu kit de herramientas. ¿Qué cambios dietéticos realizarás? ¿Cómo incorporarás la actividad física a tu rutina?

Paso 9: Actualiza Habitualmente Tu Kit de Herramientas

Tu viaje es dinámico, y también debería serlo tu kit de herramientas. Revísala y actualízala con regularidad a medida que descubras nuevas ideas o adaptes las estrategias para que se ajusten mejor a tus necesidades cambiantes.

Tu kit de herramientas contra el sobrepensamiento es un documento vivo que evoluciona con tus progresos. Disponer de un recurso consolidado al alcance de la mano te garantiza que las estrategias que te han resultado más impactantes estarán disponibles cuando las necesites. Este kit es tu aliado en la continua batalla contra el pensamiento excesivo.

Crea Tu Plan de Emergencia

Mientras continúas tu viaje para conquistar el sobrepensamiento, es esencial que te equipes con un plan de emergencia a medida. Esta sección de tu kit de herramientas te sirve como guía de referencia rápida para esos momentos en los que el pensamiento excesivo amenaza con apoderarse de ti. A continuación, te explicamos cómo elaborar tu plan de emergencia de forma eficaz:

Paso 1: Identifica Tus Desencadenantes

Reflexiona sobre las situaciones o patrones de pensamiento que suelen desencadenar tu sobrepensamiento. Podrían ser escenarios específicos, pensamientos negativos recurrentes o emociones desafiantes. La concientización es el primer paso para una intervención eficaz.

Paso 2: Seleccionar Estrategias Rápidas

Elige un conjunto de estrategias que puedas poner en práctica rápidamente cuando reconozcas que el sobrepensamiento se acerca sigilosamente. Estas, deben ser prácticas, calmantes y estar alineadas con las herramientas que has descubierto a lo largo de este viaje. Algunos ejemplos son los ejercicios de respiración profunda, una breve práctica de mindfulness o un momento de gratitud.

Paso 3: Anótalas en Tu Plan de Emergencia

Dedica una sección de tu kit de herramientas a tu plan de emergencia. Detalla claramente los factores desencadenantes que has identificado y las estrategias rápidas correspondientes. Esta sección debería ser fácilmente accesible, permitiéndote encontrar alivio en el calor del momento.

Paso 4: Actualízalo Semanalmente

Comprométete a revisar y actualizar tu plan de emergencia al final de cada semana. A medida que encuentres nuevas ideas o con estrategias adicionales que resuenen contigo, intégralas en tu plan. Esto garantiza que tu kit de herramientas siga siendo un recurso dinámico y eficaz.

Paso 5: Probar y Ajustar

Pon a prueba periódicamente tu plan de emergencia en situaciones reales. Evalúa la eficacia de cada estrategia y mantente abierto a ajustar o ampliar tu kit de acuerdo con lo que mejor te funcione. Con el tiempo, perfeccionarás tu plan para adaptarlo a tus necesidades específicas.

Un plan de emergencia es un recurso personal y evolutivo. Actualizándolo constantemente y perfeccionando tus estrategias, te capacitarás para enfrentarte al sobrepensamiento con confianza y resiliencia.

Transición

Enhorabuena por haber llegado a este punto en tu viaje para conquistar el sobrepensamiento. Tu compromiso con la superación personal y el mindfulness es admirable, y es evidente que has invertido tiempo y esfuerzo en comprender y superar los retos del pensamiento excesivo.

Al encontrarse en las últimas páginas de este libro, es importante reconocer los hitos que has logrado. Has profundizado en los laberintos del pensamiento excesivo, has explorado estrategias eficaces y has creado un conjunto de herramientas personalizadas para superar por los altibajos de tu mente.

Sin embargo, a medida que nos acercamos a la conclusión, es esencial reconocer que éste no es el final, sino que marca el comienzo de una nueva fase. Aunque estas páginas sean la conclusión de este libro, tu viaje para superar el sobrepensamiento no ha hecho más que empezar. Los conocimientos y las herramientas adquiridos están destinados a acompañarte más allá de estas palabras, guiándote a través del proceso continuo de autodescubrimiento y bienestar mental.

En los próximos capítulos de tu vida, seguirás perfeccionando tus estrategias, descubriendo nuevas percepciones y afrontando los retos con resiliencia. Acepta este viaje continuo con el corazón abierto y la mente curiosa. Las páginas que tienes por delante están en blanco, esperando a que las llenes con tus experiencias, tu crecimiento y tus triunfos sobre el pensamiento excesivo.

Conclusión

Para concluir nuestra exploración del sobrepensamiento, la clave está clara: fomentar el mindfulness es el faro que nos guía fuera del laberinto del pensamiento excesivo. Al fomentar la autoconciencia, adoptar la gratitud y dominar la reestructuración cognitiva, allanamos el camino para un cambio de mentalidad.

A través de la lente de la terapia cognitivo-conductual, hemos descubierto el poder transformador de la reestructuración cognitiva, que nos permite remodelar nuestros patrones de pensamiento. Es un viaje que exige un esfuerzo intencionado, pero promete una recompensa sustancial por recuperar el control sobre nuestra mente.

Al adentrarnos en el terreno del establecimiento de límites, reconocemos la importancia de cuidar nuestro bienestar mental. Los límites emocionales, informativos y conversacionales se convierten en nuestros aliados para navegar por la vida con claridad y propósito.

Hemos explorado el apilamiento de hábitos como una herramienta poderosa, entretejiendo prácticas positivas en nuestras rutinas diarias para contrarrestar el exceso de pensamiento. Conectando nuestra salud física con nuestro bienestar mental, hemos adoptado ejercicios, patrones de sueño y nutrición como componentes integrales de nuestro kit de herramientas contra el sobrepensamiento.

Mientras cierras este capítulo y te aventuras en las páginas no escritas que tienes por delante, recuerda: Esto no es la conclusión, sino el comienzo. Tu kit de herramientas personalizado, rebosante de estrategias y perspectivas, es tu brújula en el viaje continuo hacia una existencia consciente y libre de sobrepensamiento.

Tu Llamada a la Acción

Adopta las herramientas: Sumérgete con regularidad en tu caja de herramientas contra el pensamiento excesivo. Deja que las estrategias y ejercicios que has reunido te guíen en los momentos difíciles.

Vive conscientemente: Haz un esfuerzo consciente para aplicar el mindfulness, la gratitud y la reestructuración cognitiva en tu vida diaria. Los pequeños pasos conducen a un cambio profundo.

Comparte tu éxito: Inspira a los demás compartiendo tu historia de éxito. Si este libro ha tenido un impacto positivo en tu vida, deja una reseña. Tus palabras pueden ser el estímulo que otra persona necesita.

Recuerda, el viaje no termina aquí; es un proceso continuo. Acepta el presente, celebra tus progresos y sigue evolucionando hacia una vida liberada de las cadenas del pensamiento excesivo.

Que avances con claridad, resiliencia y la sabiduría de que cada paso da forma a un futuro menos atestado de sobrepensamientos. La clave está en el momento presente, y tienes la llave maestra para abrir las puertas de la tranquilidad.

Tus Comentarios Pueden Hacer la Diferencia

Estimado y Apreciado Lector,

Ahora que nuestro viaje juntos llega a su fin, espero que estas páginas te hayan dejado una impresión duradera. Tu experiencia con este libro no solo es importante para mí como autora, sino que también engloba el potencial de guiar e inspirar a otros.

Si has encontrado valor en esta obra, considera la posibilidad de dejar una reseña. Tus percepciones y reflexiones son poderosas. No solo me ayudan a crecer y mejorar como escritora, sino que también ayudan a otros a descubrir un libro que podría enriquecer sus vidas como lo ha hecho con la tuya.

Cada reseña cuenta, y tu voz realmente importa en este viaje compartido de conocimiento y descubrimiento.

Gracias por ser parte integrante de esta historia y por considerar esta petición de compartir tu experiencia con los demás.

Con sincero agradecimiento,

Jane Kennedy

Descubra Más de Jane Kennedy

Gracias por explorar "¡Deja de Sobrepensar!" conmigo. Si este libro ha tenido un impacto positivo en tu viaje, quizá te interesen otras obras de Jane Kennedy que profundizan en diversos aspectos de la salud y el bienestar.

1. **"¡Come Bien, Luce Bien, Siéntete Increíble!: Alimentación Saludable para Principiantes"**

   Tu guía hacia un estilo de vida más saludable a través de cambios dietéticos agradables y sustentables. Es perfecta para principiantes que buscan equilibrar el sabor con la nutrición.

2. **"SOP: La Nueva Ciencia para Revertir Completamente los Síntomas y Restablecer el Equilibrio Hormonal "**

   Un libro innovador que ofrece nuevas perspectivas y soluciones para controlar el síndrome de ovario poliquístico, enfocándose en el equilibrio hormonal y el bienestar general.

3. **"La Dieta del SOP"**

   Profundiza en las estrategias dietéticas adaptadas específicamente para el tratamiento del SOP, que mejoran tanto la salud física como la fertilidad.

4. **"¡Deja de Sobrepensar en Tu Relación!"**

   Un enfoque centrado en la aplicación de los principios del mindfulness y la claridad en tus relaciones personales, que te ayudará a fomentar conexiones más fuertes y saludables.

5. **"La Dulce Huida: Desintoxicación de Azúcar para Principiantes"**

   Una guía amigable para reducir el consumo de azúcar, allanando el camino hacia un estilo de vida más saludable con pasos fáciles de seguir y sabrosas alternativas.

6. **"Trabajo Sombra: Despierta a Tu Yo Espejo "**

   Un viaje hacia el autodescubrimiento y el crecimiento personal, explorando el concepto del trabajo sombra para una comprensión más profunda de uno mismo.

Cada libro de la colección de Jane Kennedy ofrece una visión única y consejos prácticos, adaptados para ayudarte en diversas facetas de tu vida. Ya se trate de mejorar tu dieta, controlar un problema de salud, mejorar tu bienestar mental o profundizar en el conocimiento de sí mismo, hay un libro que puede guiarte en tu camino. Encuentra su biblioteca completa haciendo clic en su nombre en la plataforma donde compraste este libro para que te lleve a su página de autora.

¡Continúa tu viaje hacia un mejor yo!

¡DEJA DE SOBREPENSAR EN TU RELACIÓN!

Cómo Hasta una Persona Completamente Estresada Puede Calmar los Pensamientos Acelerados sobre Tu Pareja, Sanar el Apego Ansioso y Superar los Celos, las Dudas y la Preocupación Antes de que Sea Demasiado Tarde

Los pensamientos acelerados están arruinando tu vida amorosa. He aquí una guía que te cambiará la vida para deshacerte definitivamente de los pensamientos negativos y disfrutar con tu pareja.

Acostado en la cama, mirando al techo, repites en tu cabeza las palabras de tu pareja.

Te preguntas por qué aún no te han contestado; después de todo, han pasado 10 minutos enteros.

O tal vez te inquieta un poco cuando salen sin ti, pensando que deben estar pasándoselo como nunca, y empiezas a preguntarte por qué siquiera están contigo.

Es difícil, ¿verdad?

Este bucle mental interminable ensombrece la alegría del amor.

No está solo; tu pareja también empieza a sentir su peso.

Y afrontémoslo, el amor no debería sentirse como un laberinto interminable de estrés y ansiedad.

¿Sabías que el 41% de los primeros matrimonios no lo logran? Y, por si fuera poco, el 60% de los segundos matrimonios también fracasan.

Sobrepensar bien podría ser el culpable de estas relaciones fallidas.

Esta lucha es real pero no tiene por qué ser tu realidad.

Tus pensamientos son poderosos, pero están arruinando tu felicidad y tu vida amorosa.

Así que pongámosle fin, ¿de acuerdo?

En el interior, descubrirás:

Por qué tu mente te engaña: no, no estás loco. Tu cerebro tiene razones para pensar demasiado

Autoevaluación para detectar al sobrepensador: ¿crees que podrías ser un sobrepensador en el amor? Es hora de conocerte un poco mejor

Cómo personificar el mantra "vive el momento" practicando el mindfulness: este enfoque será tu nuevo mejor amigo

Cómo abordar los celos y las dudas de frente: ¡maneja esos molestos sentimientos como un campeón y resuélvelos!

La confianza, el pegamento del amor: crear confianza puede parecer ciencia espacial, pero este libro te lo facilita. ¿Listo para pasar de lo inestable a lo sólido?

El papel fundamental de la comunicación y cómo puedes romper o crear una relación: conoce lo que se debe y ¡lo que no se debe hacer para no andar con rodeos!

Cómo establecer límites como un jefe: los límites no son solo líneas en un mapa; ¡son tu boleto hacia una vida amorosa más sana!

¡Y mucho más!

¿Sigues dudando? Eh, es totalmente normal tener dudas antes de lanzarse a algo que promete cambiar tu vida.

Pero si te sientes atrapado en un ciclo de pensamientos excesivos que está poniendo en peligro tu relación, ¿qué tienes que perder dándole una oportunidad?

Tu forma actual de pensar no te está funcionando ni a ti ni a tu relación. Es hora de adoptar un nuevo enfoque, y este libro te ofrece precisamente eso: ¡hazlo ahora!

Si estás listo para hacer que tu vida amorosa sea más amor y menos preocupación, déjate guiar por este libro para disminuir el ruido. Continúa nuestro viaje juntos con ¡Deja de Sobrepensar en Tu Relación! de Jane Kennedy, disponible donde compraste este libro.

Referencias

Amaha. (2023). *How to Overcome Overthinking*. Amaha. https://www.amahahealth.com/blog/science-behind-overthinking/#

Bess, J. (2023, 1 de agosto). *Imposter Syndrome: A Universal Struggle - NCI*. National Cancer Institute. https://dceg.cancer.gov/about/diversity-inclusion/inclusivity-minute/2023/imposter-syndrome#:~:text=In%202020%2C%20a%20systematic%20review

Cherry, K. (2021, 20 de enero). *Types of Cognitive Biases That Influence Your Thinking and Beliefs*. Verywell Mind. https://www.verywellmind.com/cognitive-biases-distort-thinking-2794763

Cleveland Clinic. (2022, 29 de marzo). *EMDR therapy: What it is, procedure & effectiveness*. Cleveland Clinic. https://my.clevelandclinic.org/health/treatments/22641-emdr-therapy

Dhuram R C. (2019, 18 de marzo). *Cognitive Therapy Techniques: 5 Steps to Stop Worrying*. Cognitive Behavioral Therapy Los Angeles. https://cogbtherapy.com/cbt-blog/5-steps-to-stop-worrying#:~:text=CBT%20for%20generalized%20anxiety%20has

Edmunds, E. (2020). *A Personal Story of Self-Compassion and Inner Child Work – Mindful Therapy for Anxiety*. Mindfulness. https://drellisedmunds.com/2020/02/02/a-personal-story-of-self-compassion-and-inner-child-work/

Garcia-Campayo, J., López Del Hoyo, Y., & Navarro-Gil, M. (2021). Contemplative sciences: A future beyond mindfulness. *World Journal of Psychiatry, 11*(4), 87–93. https://doi.org/10.5498/wjp.v11.i4.87

Grant, V. (2017, 12 de octubre). *How to Overcome Self-Limiting Beliefs*. Integrity Coaching. https://www.integritycoaching.co.uk/blog/overcoming-the-challenges-of-headship/self-limiting-beliefs/

Hanh, T. N. (s.f.). *Thich Nhat Hanh quotes. The Miracle of Mindfulness Quotes by Thich Nhat Hanh*. Www.goodreads.com. Obtenido el 15 de diciembre de 2023, de https://www.goodreads.com/work/quotes/105847-the-miracle-of-mindfulness-a-manual-on-meditation

Kable, R. (2016). *How Mindfulness Changed My Life*. Rachael Kable. https://www.rachaelkable.com/blog/2016/1/13/how-mindfulness-changed-my-life#:~:text=Mindfulness%20has%20helped%20me%20transform

Kajabi. (2020). *10 Celebrities with Imposter Syndrome | Kajabi*. Kajabi.com. https://kajabi.com/blog/celebrities-with-imposter-syndrome

Kamen, R. (2015, 1 de abril). *The Transformative Power Of Gratitude*. HuffPost. https://www.huffpost.com/entry/the-transformative-power_b_6982152

Kataria, N. (2016, 27 de agosto). *Story of an overthinker*. Medium. https://medium.com/@Neharyka/story-of-an-overthinker-59d87061e612

Kristenson, S. (2023, 5 de abril). *21 Limiting Beliefs Examples That Hold You Back in Life*. Happier Human. https://www.happierhuman.com/limiting-beliefs/

Larson, Christian. D. (s.f.). *Christian. D Larson quotes. Top 25 quotes* . A-Z Quotes. Obtenido el 15 de diciembre de 2023, de https://www.azquotes.com/author/18906-Christian_D_Larson

Manson, M. (2020, 12 de noviembre). *How to overcome your limiting beliefs*. Mark Manson. https://markmanson.net/limiting-beliefs

Neff, Kristin, N. D. (2003). *APA PsycNet*. Psycnet.apa.org. https://psycnet.apa.org/record/2003-03727-001

Nikolopoulou, K. (2022, 11 de noviembre). *What Is Cognitive Bias? | Definition, Types, & Examples*. Scribbr. https://www.scribbr.com/research-bias/cognitive-bias/

OptimistMinds. (2021, 30 de octubre). *Five CBT Success Stories To Encourage You | OptimistMinds*. Optimistminds.com. https://optimistminds.com/five-cbt-success-stories/#google_vignette

Procrastination.com. (2016, 23 de marzo). *Decision Paralysis: How To Stop Overthinking Your Choices | Procrastination.com*. Procrastination.com. https://procrastination.com/blog/9/decision-paralysis-overthinking-choices

Ritchie, D. (2022, 24 de octubre). *The Best 101 Inspirational Quotes About Change You'll Ever Read*. Entrepreneur. https://www.entrepreneur.com/growth-strategies/the-best-101-inspirational-quotes-about-change-youll/437768

Ruscio, A. M., Gentes, E. L., Jones, J. D., Hallion, L. S., Coleman, E. S., & Swendsen, J. (2015). Rumination predicts heightened responding to stressful life events in major depressive disorder and generalized anxiety disorder. *Journal of Abnormal Psychology*, *124*(1), 17–26. https://doi.org/10.1037/abn0000025

Santilli, S. (2022, 11 de enero). *How To Stop Overthinking: Causes And Ways To Cope*. Forbes Health. https://www.forbes.com/health/mind/what-causes-overthinking-and-6-ways-to-stop/#:~:text=But%20you%27re%20not%20alone

Services, D. of H. & H. (s.f.). *Steven shares his major trauma story*. Www.betterhealth.vic.gov.au. https://www.betterhealth.vic.gov.au/health/servicesandsupport/stevens-personal-story-major-trauma

Sharpe, R. (2021, 12 de febrero). *150+ Mindfulness Quotes to Help You Live More Mindfully*. Declutter the Mind. https://declutterthemind.com/blog/mindfulness-quotes/

The Awareness Centre. (2022, 1 de noviembre). *How Can Thinking Too Much Cause Depression?* | *The Awareness Centre.* https://theawarenesscentre.com/how-can-thinking-too-much-cause-depression/

The Story Collider. (2023a, 4 de agosto). *Overthinking: Stories about repetitive thoughts.* The Story Collider. https://www.storycollider.org/stories/2023/5/1/overthinking-stories-about-repetitive-thoughts

The Story Collider. (2023b, 4 de agosto). *Overthinking: Stories about repetitive thoughts.* The Story Collider. https://www.storycollider.org/stories/2023/5/1/overthinking-stories-about-repetitive-thoughts

The Trauma Practice. (s.f.). *Types Of Trauma.* The Trauma Practice. https://traumapractice.co.uk/types-of-trauma/

Whitfield, T., Barnhofer, T., Acabchuk, R., Cohen, A., Lee, M., Schlosser, M., Arenaza-Urquijo, E. M., Böttcher, A., Britton, W., Coll-Padros, N., Collette, F., Chételat, G., Dautricourt, S., Demnitz-King, H., Dumais, T., Klimecki, O., Meiberth, D., Moulinet, I., Müller, T., & Parsons, E. (2021). The Effect of Mindfulness-based Programs on Cognitive Function in Adults: A Systematic Review and Meta-analysis. *Neuropsychology Review, 32.* https://doi.org/10.1007/s11065-021-09519-y

WHO. (2022, 28 de septiembre). *Mental health at work.* Www.who.int. https://www.who.int/news-room/fact-sheets/detail/mental-health-at-work#:~:text=Globally%2C%20an%20estimated%2012%20billion